崇文館 家庭典藏

容斋随笔

崇文国学经典 普及文库

【南宋】洪迈◎撰 段青峰◎选译

長江出版傳媒
崇文书局

图书在版编目(CIP)数据

容斋随笔/(南宋)洪迈撰;段青峰选译.—武汉:崇文书局, 2015.6

(崇文国学经典普及文库)(2016.11 重印)

ISBN 978-7-5403-3899-2

Ⅰ.①容… Ⅱ.①洪… ②段… Ⅲ.①笔记–中国–南宋–选集 ②《容斋随笔》–译文 Ⅳ.①Z429.442

中国版本图书馆 CIP 数据核字(2015)第 098288 号

长江出版传媒 Changjiang Publishing & Media | 崇文书局 Chongwen Publishing House

出品人:潘启胜

※

统　　筹:陈中琼

责任编辑:丁　渝

地　　址:武汉市雄楚大街 268 号·湖北出版文化城主楼 C 座 11 层

(营销:027-87293001　传真:027-87679712)

印　　刷:湖北恒泰印务有限公司

开　　本:889 × 1194　1/32

印　　张:8　　字　　数:176 千字

版　　次:2015 年 6 月第 1 版

印　　次:2016 年 11 月第 2 次印刷

定　　价:26.80 元

总序

现代意义的“国学”概念，是在19世纪西学东渐的背景下，为了保存和弘扬中国优秀传统文化而提出来的。1935年，王缁尘在世界书局出版了《国学讲话》一书，第3页有这样一段说明：“庚子义和团一役以后，西洋势力益膨胀于中国，士人之研究西学者日益众，翻译西书者亦日益多，而哲学、伦理、政治诸说，皆异于旧有之学术。于是概称此种书籍曰‘新学’，而称固有之学术曰‘旧学’矣。另一方面，不屑以旧学之名称我固有之学术，于是有发行杂志，名之曰《国粹学报》，以与西来之学术相抗。‘国粹’之名随之而起。继则有识之士，以为中国固有之学术，未必尽为精粹也，于是将‘保存国粹’之称，改为‘整理国故’，研究此项学术者称为‘国故学’……”从“旧学”到“国故学”，再到“国学”，名称的改变意味着褒贬的不同，反映出身处内忧外患之中的近代诸多有识之士对中国优秀传统文化失落的忧思和希望民族振兴的宏大志愿。

从学术的角度看，国学的文献载体是经、史、子、集。崇文书局的这一套国学经典普及文库，就是从传统的经、史、子、集中精选出来的。属于经部的，如《诗经》《论语》《孟子》《周易》《大学》《中庸》《左传》；属于史部的，如《战国策》《史记》《三国志》《贞观政要》《资治通鉴》；属于子部的，如《道德经》《庄子》《孙子兵法》《鬼谷子》《世说新语》《颜氏家训》《容斋随笔》《本草纲目》《阅微草堂笔记》；属于集部的，如《楚辞》《唐诗三百首》《豪放词》《婉约词》《宋词三百首》《千家诗》《元曲三百首》《随园诗话》。这套书内容丰富，而分量适中。一个希望对中国优秀传统文化有所了解的人，读了这些书，一般说来，犯常识性错误的可能性就很小了。

崇文书局之所以出版这套国学经典普及文库，不只是为了普及国学常识，更重要的目的是，希望有助于国民素质的提高。在国学教育中，有一种倾向需要警惕，即把中国优秀的传统文化“博物馆化”。“博物馆化”是20世纪中叶美国学者列文森在《儒教中国及其现代命运》中提出的一个术语。列文森认为，中国传统文化在很多方面已经被博物馆化了。虽然中国传统的经典依然有人阅读，但这已不属于他们了。“不属于他们”的意思是说，这些东西没有生命力，在社会上没有起到提升我们生活品格的作用。很多人阅读古代经典，就像参观埃及文物一样。考古发掘出来的珍贵文物，和我们的生命没有多大的关系，和我们的生活没有多大关系，这就叫作博物馆化。“博物馆化”的国学经典是没有现实生命力的。要让国学经典恢复生命力，有效的方法是使之成为生活的一部分。崇文书局之所以强调普及，深意在此，期待读者在阅读这些经典时，努力用经典来指导自己的内外生活，努力做一个有高尚的人格境界的人。

国学经典的普及，既是当下国民教育的需要，也是中华民族健康发展的需要。章太炎曾指出，了解本民族文化的过程就是一个接受爱国主义教育的过程："仆以为民族主义如稼穑然，要以史籍所载人物制度、地理风俗之类为之灌溉，则蔚然以兴矣。不然，徒知主义之可贵，而不知民族之可爱，吾恐其渐就萎黄也。"（《答铁铮》）优秀的传统文化中，那些与维护民族的生存、发展和社会进步密切相关的思想、感情，构成了一个民族的核心价值观。我们经常表彰"中国的脊梁"，一个毋庸置疑的事实是，近代以前，"中国的脊梁"都是在传统的国学经典的熏陶下成长起来的。所以，读崇文书局的这一套国学经典普及读本，虽然不必正襟危坐，也不必总是花大块的时间，更不必像备考那样一字一句锱铢必较，但保持一种敬重的心态是完全必要的。

期待读者诸君喜欢这套书，期待读者诸君与这套书成为形影相随的朋友。

陈文新

（教育部长江学者特聘教授，武汉大学杰出教授）

前言

《容斋随笔》是南宋时期洪迈撰写的一部著名的读书笔记。这部笔记自问世以来，即受到人们的深深喜爱。南宋的孝宗皇帝曾当面称赞作者说："煞是好议论。"南宋大臣何异在《容斋随笔》总序中说，此书"可以稽典故，可以广见闻，可以证讹谬，可以膏笔端"。明清时期，该书仍被不断刊刻，人们对它盛赞有加。明人李翰在《容斋随笔旧序》中说："搜悉异闻，考核经史，捃拾典故，值言之最者必札之，遇事之奇者必摘之。……可劝可戒，可喜可憎，可以广见闻，可以证讹谬，可以祛疑贰，其于世教未尝无所裨补。"同时期的马元调在《重刻容斋随笔纪事》中说："其考据精确，议论高简，读书作文之法尽是矣。"曾有人称赞该书"其书自经史典故、诸子百家之言，以及诗词文翰、医卜星历之类，无不纪载，而多所辨证"。毛泽东晚年时，对《容斋随笔》也是爱不释手。

洪迈（1123—1202），字景卢，号容斋，南宋鄱阳（今属江西乐平市）人，洪氏诗礼传家，是典型的书香门第。洪迈的父兄，都是南宋时期的饱学大臣。洪迈于高宗绍兴十五年中博学宏词科，先后担任起居郎、中书舍人兼侍读、直学士院，监修国史，以端明殿学士致仕。洪迈从政之余，致力学问，一生中著述颇丰，以《容斋随笔》最为人称道。

《容斋随笔》全书分为五集，即随笔、续笔、三笔、四笔、五笔。内容涉及名人轶事、朝政掌故、历史传说、读书心得、生活琐事、世情风习、艺文评论等。在这些文章中，作者评论艺文，褒贬人物，指斥弊政，常有真知灼见，着实发人深省。其史料价值和文学价值都非常高。

在这个选本中，我们精心选辑了一些具有较高史料价值和文学价值、富有深刻哲理的作品，希望能为广大青少年朋友提供一份精美丰富的精神食粮。当然，由于我们水平有限，囿于识见，所编文本尚有不尽人意之处，敬请广大读者朋友指正。

目录

目录

地险

古今言地险者，以谓函秦宅关、河之胜，齐负海、岱，赵、魏据大河，晋表里河山，蜀有剑门、瞿唐之阻，楚国方城以为城，汉水以为池，吴长江万里，兼五湖之固，皆足以立国。唯宋、卫之郊，四通五达，无一险可恃。然东汉之末，袁绍跨有青、冀、幽、并四州，韩遂、马腾辈分据关中，刘璋擅蜀，刘表居荆州，吕布盗徐，袁术包南阳、寿春，孙策取江东，天下形胜尽矣。曹操晚得兖州，倔强其间，终之夷群雄，覆汉祚。议者尚以为操挟天子以自重，故能成功。而唐僖、昭之时，方镇擅地，王氏有赵百年，罗洪信在魏，刘仁恭在燕，李克用在河东，王重荣在蒲，朱宣、朱瑾在兖、郓，时溥在徐，王敬武在淄、青，杨行密在淮南，王建在蜀，天子都长安，凤翔、邠、华三镇鼎立为梗，李茂贞、韩建皆尝劫迁乘舆。而朱温区区以汴、宋、亳、颍巚然中居，及其得志，乃与操等。以在德不在险为言，则操、温之德又可见矣。

【译文】

古今论地势险要的，认为秦地凭借函谷关、大河的形胜，齐地仗恃大海和泰山的险要，赵国和魏国依据黄河，晋国则外有河、里有山，西蜀占有剑门关、瞿塘峡的险阻，楚国筑方城作城垣，以汉水作城池，吴国有万里长江和太湖的险要，都能建立国家。只有宋国、卫国的周围四通八达，没有一处险要可守。然而东汉末年，袁绍占有青州、冀州、幽州、并州四州，韩遂、马腾等人分别占据关中，刘璋独占蜀地，刘表据有荆州，吕布窃据徐州，袁术包罗南阳、寿春，孙策攻取江东，中国的险要地方，都被分割完了。曹操最后才得到兖州，崛起其中，最终消灭了群雄，倾覆了汉室。评论家们认为曹操挟持皇帝，提高了自己的地位，所以能成功。但唐朝僖宗、昭宗的时候，藩镇割据，王氏据有赵地一百多年，罗洪信在魏地，刘仁恭在燕地，李克用在河东，王重荣在蒲州，朱宣、朱瑾在兖州、郓州，(王)时溥在徐州，王敬武在淄州、青州，杨行密在淮南，王建在蜀地，皇帝建都长安，凤翔、邠州、华州三镇鼎足而立，不听诏令，李茂贞、韩建都挟持过皇帝。然而朱温以小小的汴州、宋州、亳州、颍州几个地方，孤立地处在中间，而他后来和曹操一样控制了中原。如果说兴盛与否在德行不在于地势险要，那么曹操、朱温的德行又在哪里呢？

古行宫诗

白乐天《长恨歌》、《上阳人歌》，元微之《连昌宫词》，道开元间宫禁事，最为深切矣。然微之有《行宫》一绝句云："寥落古行宫，宫花寂寞红。白头宫女在，闲坐说玄宗。"语少意足，有无穷之味。

【译文】

白乐天的《长恨歌》、《上阳人歌》，元微之的《连昌宫词》，写唐玄宗开元年间宫闱之事，最为深刻真实。但元微之还有一首《行宫》绝句写道："寥落古行宫，宫花寂寞红。白头宫女在，闲坐说玄宗。"词语虽少而含意丰富，意味无穷。

张良无后

张良、陈平，皆汉祖谋臣，良之为人，非平可比也。平尝曰："我多阴谋，道家之所禁。吾世即废矣，以吾多阴祸也。"平传国至曾孙，而以罪绝，如其言。然良之爵但能至子，去其死才十年而绝，后世不复绍封，其祸更促于平，何哉？予盖尝考之，沛公攻峣关，秦将欲连和，良曰："不如因其懈怠击之。"公引兵大破秦军。项羽与汉王约中分天下，既解而东归矣。良有养虎自遗患之语，劝王回军追羽而灭之。此其事固不止于杀降也，其无后宜哉！

【译文】

张良、陈平，都是汉高祖的谋臣，但张良的为人，不是陈平可以相比的。陈平曾说："我惯用谋略，这是道家的禁忌。我的后代将会被废绝,因为我为子孙种下了祸根。”陈平传国到他的曾孙,便因罪被废绝,正如他说的那样。而张良的爵位,却只能传到他的儿子,距他的死才十年,便被废绝了,后代也不再续封。张良家遭到灾祸的时间比陈平家还快,这是为什么呢?我曾经考察过,沛公刘邦攻打峣关时,秦国守将想投降,张良说:“不如趁他放松戒备时进攻他。”沛公听了张良的话,大败秦军。项羽与汉王刘邦立约,平分天下,之后项羽就带兵东归彭城。张良认为这是养虎遗患,劝汉王回兵追杀项羽,并把项羽消灭了。这件事,比诛杀降兵还缺德,他绝后也是理所当然的!

周亚夫

周亚夫距吴、楚，坚壁不出。军中夜惊，内相攻击扰乱，至于帐下。亚夫坚卧不起。顷之，复定。吴奔壁东南陬，亚夫使备西北。已而果奔西北，不得入。汉史书之，以为亚夫能持重。按，亚夫军细柳时，天子先驱至，不得入。文帝称其不可得而犯。今乃有军中夜惊相攻之事，安在其能持重乎？

【译文】

周亚夫抵抗吴军、楚军，坚守壁垒，不主动出击。军队夜间受惊，发生骚乱，导致互相攻击，一直闹到周亚夫的帐下。周亚夫躺着一动不动。过了一会儿，军营便安静下来。吴军攻打营垒的东南角，周亚夫命令加强西北角的防守。吴军转而攻打西北角，无功而返。汉史记载此事，认为周亚夫用兵老成持重，稳如泰山。想当初，周亚夫驻军细柳时，皇帝的先头部队到达，但进不了军营。汉文帝称赞他治军有方，不可侵犯。现在竟有军队夜间受惊互相攻击之事，怎么能说他用兵老成持重呢？

田叔

贯高谋弑汉祖，事发觉，汉诏赵王，有敢随王罪三族，唯田叔、孟舒等自髡钳随王，赵王既出，上以叔等为郡守。文帝初立，召叔问曰："公知天下长者乎？"曰："故云中守孟舒，长者也。"是时，舒坐虏大入云中免。上曰："虏入云中，孟舒不能坚守，士卒死者数百人，长者固杀人乎？"叔叩头曰："夫贯高等谋反，天子下明诏，赵有敢随张王者，罪三族。然孟舒自髡钳，随张王，以身死之，岂自知为云中守哉！是乃所以为长者。"上曰："贤哉孟舒！"复召以为云中守。按，田叔、孟舒同随张王，今叔指言舒事，几于自荐矣。叔不自以为嫌，但欲直孟舒之事，文帝不以为过，一言开悟，为之复用舒，君臣之诚意相与如此。

【译文】

贯高想谋杀汉高祖，事情被发觉，汉高祖下诏书给赵王，有敢跟随赵王的，灭三族，只有田叔、孟舒等人自己剃发钳颈跟随赵王，赵王被赦出狱后，皇帝任命田叔等人为郡守。汉文帝初登帝位，召田叔问道："你知道谁是当今天下的贤者吗？"田叔答道："过去的云中太守孟舒，是位贤者。”当时孟舒因匈奴大举进攻云中而被免职。汉文帝说:“匈奴进攻云中,孟舒不能坚守,战士死了几百人,难道贤者就是要让别人去死吗?”田叔叩头说:“贯高等谋反,皇帝已下明诏,赵国人有敢跟随赵王张敖的,灭三族。然而孟舒自己剃发钳颈,跟随张敖,准备一死,哪里会想到担任云中太守呢!这就说明他是贤者。”汉文帝说:“孟舒确实是贤者啊!”又下诏让孟舒担任云中太守。本来田叔、孟舒一同跟随张敖,现在田叔直接赞扬孟舒,等于是自我标榜。但田叔不以为嫌,一心想到要为孟舒申辩,汉文帝也不认为是田叔的过错,受了田叔的启发,又起用了孟舒,君臣之间以诚相待到了这种地步。

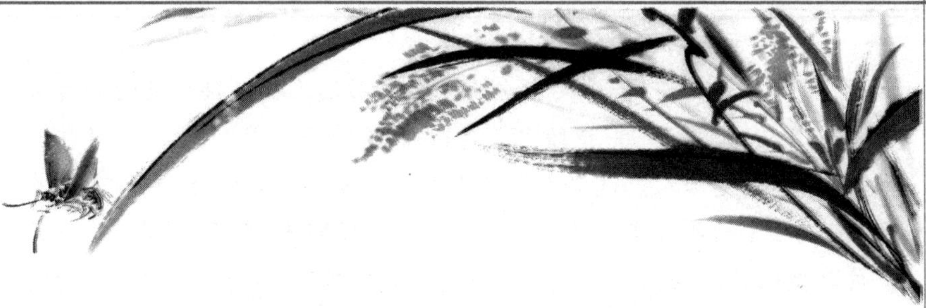

秦用他国人

七国虎争天下，莫不招致四方游士。然六国所用相，皆其宗族及国人，如齐之田忌、田婴、田文，韩之公仲、公叔，赵之奉阳、平原君，魏王至以太子为相。独秦不然，其始与之谋国以开霸业者，魏人公孙鞅也。其他若楼缓赵人，张仪、魏冉、范雎皆魏人，蔡泽燕人，吕不韦韩人，李斯楚人。皆委国而听之不疑，卒之所以兼天下者，诸人之力也。燕昭王任郭隗、剧辛、乐毅，几灭强齐，辛、毅皆赵人也。楚悼王任吴起为相，诸侯患楚之强，盖卫人也。

【译文】

七国争雄天下，无不广泛招纳四方人才。然而六国所任用的相国，都是宗族和本国人，如齐国的田忌、田婴、田文，韩国的公仲、公叔，赵国的奉阳君、平原君，魏王甚至任用太子为相国。只有秦国不是这样，最初与秦国商讨大计、开创霸业的是魏国人公孙鞅。其他如楼缓是赵国人，张仪、魏冉、范雎都是魏国人，蔡泽是燕国人，吕不韦是韩国人，李斯是楚国人。这些人都被委之以相国而不加怀疑，秦国最终兼并天下，靠的是这些人的力量。燕昭王任用郭隗、剧辛、乐毅，几乎灭掉强盛的齐国，剧辛、乐毅都是赵国人。楚悼王任用吴起为相国，诸侯都惧怕楚国强盛起来，而吴起是卫国人。

曹参　赵括

汉高祖疾甚，吕后问曰："萧相国既死，谁令代之？"上曰："曹参可。"萧何事惠帝，病，上问曰："君即百岁后，谁可代君？"对曰："知臣莫若主。"帝曰："曹参何如？"曰："帝得之矣。"曹参相齐，闻何薨，告舍人趣治行，吾且入相。居无何，使者果召参。赵括自少时学兵法，其父奢不能难，然不谓善，谓其母曰："赵若必将之，破赵军者必括也。"后廉颇与秦相持，秦应侯行千金为反间于赵，曰："秦之所畏，独赵括耳。"赵王以括代颇将。蔺相如谏，王不听。括母上书言括不可使，王又不听。秦王闻括已为赵将，乃阴使白起代王龁，遂胜赵。曹参之宜为相，高祖以为可，惠帝以为可，萧何以为可，参自以为可，故汉用之而兴。赵括之不宜为将，其父以为不可，母以为不可，大臣以为不可，秦王知之，相应侯知之，将白起知之，独赵王以为可，故用之而败。呜呼！将相安危所系，可不监哉！且秦以白起易王龁，而赵乃以括代廉颇，不待于战，而胜负之形见矣。

【译文】

汉高祖病重，吕后问他："萧相国死后，谁可以接替他？"汉高祖说："曹参可以接替。"萧何辅佐汉惠帝，病重时，惠帝问他："你如果不幸仙逝，谁可以接替你？"萧何说："没有比陛下更了解臣子的了。"惠帝问："曹参怎么样？"萧何说："陛下找到最合适的人选了。"曹参当时是齐国的相国，听说萧何死了，马上吩咐手下人准备行装，说我要入朝当丞相去了。不久，朝廷使者果然来召曹参入京。赵括从小就学习兵法，谈起兵法来他父亲赵奢也难不倒他，但他父亲不认为他学得好，对他母亲说："赵国如果一定以赵括为将，他必定会葬送赵国的大军。"后来廉颇与秦国对垒，秦国的应侯范雎，花一千两黄金到赵国行反间计，说："秦国最惧怕的人是赵括。"赵王信以为真，以赵括代替廉颇为将，蔺相如谏阻，赵王不听。赵括的母亲上书赵王说赵括不可为将，赵王也不听。秦王听说赵括已担任赵国大将，于是秘密地让白起代替王龁，随即打败了赵国。曹参适合担任宰相，高祖认为胜任，惠帝认为胜任，萧何认为胜任，曹参自己也认为胜任，所以汉朝用他而兴盛。赵括不适合担任大将，他父亲知道，母亲知道，大臣知道，秦王知道，相国应侯知道，大将白起知道，只有赵王不知道，所以用了他而招致失败。唉！将军和丞相关系到国家的安危，难道可以不慎重考察吗？那么秦国用白起代替王龁，赵国用赵括代替廉颇，不等战争开始，谁胜谁败，就已经很清楚了。

信近于义

“信近于义，言可复也。恭近于礼，远耻辱也。因不失其亲，亦可宗也。”程明道曰：“因恭信而不失其所以亲，近于礼义，故亦可宗。”伊川曰：“因不失于相近，亦可尚也。”又曰：“因其近礼义而不失其亲，亦可宗也。况于尽礼义者乎？”范纯父曰：“君子所因者本，而立爱必自亲始，亲亲必及人。故曰因不失其亲。”吕与叔分为三事。谢显道曰：“君师友三者，虽非天属，亦可以亲，舍此三者之外，吾恐不免于谄贱。惟亲不失其所亲，然后可为宗也。”杨中立曰：“信不失义，恭不悖礼，又因不失其亲焉，是亦可宗也。”尹彦明曰：“因其近，虽未足以尽礼义之本，亦不失其所宗尚也。”予窃以谓义与礼之极，多至于不亲，能至于不失其亲，斯为可宗也。然未敢以为是。

【译文】

“诚信与义相近，作出承诺必须兑现。谦恭与礼相近，可以使人远离耻辱。依凭恭信而又不失去亲爱之心，是可以推崇的。”程明道说：“坚持恭信，而又不失去亲情，与礼义相近，所以可以推崇。”程伊川说：“因为坚持恭信，而又不失去义与礼，也可以推崇。”他又说：“因为恭信近于礼义而又不失去亲情，可以推崇，何况完全合乎礼义的呢？”范纯父说：“君子所依凭的是基本道理，而建立爱心必须从自己的亲人开始，爱自己的亲人，也一定会爱别人，这就是坚持恭信而不失掉亲情。”吕与叔把信、恭、亲分成三件事。谢显道说：“君主、老师、朋友三者，虽然与自己没有血缘关系，也是要亲爱的。除了这三者外的亲爱，我担心难于避免巴结与卑贱的心态。只有亲爱那些应该亲爱的人，然后才可以尊崇。”杨中立说：“诚信而不失去义，谦恭而不违背礼，又依凭二者而不失去亲情，是可以尊崇的。”尹彦明说：“因为恭信近于礼义，虽然还不完全符合礼义之根本，但也是可以崇尚的。”我认为礼与义的极端，大多失去亲情，如能达到不失去亲情，这才是可以崇尚的。当然我不能肯定我的认识是正确的。

刚毅近仁

刚毅者，必不能令色；木讷者，必不为巧言。此近仁鲜仁之辨也。

【译文】

刚毅的人，必定不能和颜悦色。不善言辞的人，自然不会花言巧语。这就是分辨近仁还是少仁的要领。

里仁

“里仁为美。择不处仁，焉得智？”孟子论函矢巫匠之术，而引此以质之，说者多以里为居，居以亲仁为美。予尝记一说云，函矢巫匠皆里中之仁也。然于仁之中有不仁存焉，则仁亦在夫择之而已矣。尝与郑景望言之，景望不以为然。予以为此特谓闾巷之间所推以为仁者，固在所择，正合孟子之意。不然，仁之为道大矣，尚安所择而处哉？

【译文】

“邻里要有仁德才好。选择的住处，没有仁德，怎么能够变为智慧的人呢？”孟子评价制造铠甲、做弓箭、巫师、木匠等职业，曾引用此文作证明，解释的人多把“里”字解成“居”字，而居处以亲近仁人为好。我曾经记得有一种说法是函人、矢人、巫人、匠人都是居住地的仁人。但是，仁人之中也有不仁的人存在，所以仁爱与否在乎选择罢了。我曾经与郑景望讨论过这个问题，景望不以为然。我认为这里所指的，只是那些经过邻里推选出来的仁人，这当然取决于选择的职业，正合孟子的意见。否则，仁的内涵太博大了，还能选择什么地方安身呢？

汉采众议

汉元帝时，珠崖反，连年不定。上与有司议大发军，待诏贾捐之建议，以为不当击。上以问丞相、御史，御史大夫陈万年以为当击，丞相于定国以为捐之议是，上从之，遂罢珠崖郡。匈奴呼韩邪单于既事汉，上书愿保塞上谷以西，请罢边备塞吏卒，以休天子人民。天子令下有司议，议者皆以为便，郎中侯应习边事，以为不可许。上问状，应对十策，有诏勿议罢边塞事。成帝时，匈奴使者欲降，下公卿议，议者言宜如故事受其降。光禄大夫谷永以为不如勿受，天子从之。使者果诈也。哀帝时，单于求朝，帝欲止之，以问公卿，亦以为虚费府帑，可且勿许。单于使辞去。黄门郎扬雄上书谏，天子寤焉，召还匈奴使者，更报单于书而许之。安帝时，大将军邓骘欲弃凉州，并力北边，会公卿集议，皆以为然，郎中虞诩陈三不可，乃更集四府，皆从诩议。北匈奴复强，西域诸国既绝于汉，公卿多以为宜闭玉门关绝西域。邓太后召军司马班勇问之，勇以为不可，于是从勇议。顺帝时，交阯蛮叛，帝召公卿百官及四府掾属，问以方略，皆议遣大将发兵赴之，议郎李固驳之，乞选刺史太守以往，四府悉从固议，岭外复平。灵帝时，凉州兵乱不解，司徒崔烈以为宜弃，诏会公卿百官议之，议郎傅燮以为不可，帝从之。此八事者，所系利害甚大，一时公卿百官既同定议矣，贾捐之以下八人，皆以郎大夫之微，独陈异说。汉元、成、哀、安、顺、灵皆非明主，悉能违众而听之，大臣无贤愚亦不复执前说，盖犹有公道存焉。每事皆能如是，天下其有不治乎？

【译文】

汉元帝时，珠崖反叛，几年都未能平定。元帝与有关部门商议派遣中央军队平叛，待诏贾捐之建议，认为出兵平叛不妥。元帝就发兵问题征求丞相、御史的意见，御史大夫陈万年认为应当发兵平叛，丞相于定国认为贾捐之的意见是正确的。元帝听从了于定国的意见，撤销了珠崖郡的设置。匈奴呼韩邪单于归服汉朝后，上书说愿意保卫汉朝上谷以西的边塞，请求撤走汉朝守卫的军队，让人民得到休养生息。元帝让有关部门讨论这事，大多数人都认为撤走军队可行，郎中侯应熟悉边塞情况，认为不能采纳呼韩邪单于的建议。元帝询问情况，侯应提出了十条不能答应的意见，于是元帝下诏不要再议论撤走边塞军队的事。汉成帝时，一个匈奴使者想投降汉朝，成帝让公卿讨论，一些大臣主张按惯例允许他投降。光禄大夫谷永认为不能接受。成帝采纳了谷永的意见，使者果然是诈降。汉哀帝时，匈奴单于要求朝见皇帝，哀帝不愿见，征求大臣意见，大臣们也都认为虚耗国家钱财，不宜答应。单于使者告辞走了。黄门郎扬雄上书劝告，汉哀帝醒悟过来，派人召回匈奴使者，另写一封诏书，答应了单于的请求。东汉安帝时，大将军邓骘想放弃凉州，集中力量对付北边边患。朝廷召集公卿讨论，都以为可行。郎中虞诩陈述了三条意见，认为不能放弃。于是召集四府商议，都同意虞诩的意见。北匈奴再度强盛起来，西域各国断绝了与汉朝的关系，公卿大臣多以为应该关闭玉门关，断绝与西域的来往。邓太后召军司马班勇，询问他的意见，班勇以为不宜断绝，于是采纳了班勇的意见。顺帝时，交阯蛮反叛，顺帝召集公卿百官和四府的僚属商讨对策，都主张派大兵进讨，议郎李固提出反对意见，要求朝廷选派刺史太守去进行安抚，四府都听从了李固的意见，岭南又安定下来了。灵帝时，凉州军队骚乱不止，司徒崔烈认为应当放弃凉州，灵帝召公卿百官讨论，议郎傅燮认为不能放弃，灵帝采纳了傅燮的意见。这八件事，关系国家的利害，当时公卿百官都有一致的意见，贾捐之等八人，虽然都是郎中、议郎、大夫一类的小官，能独自提出不同的意见。汉元帝、成帝、哀帝、安帝、顺帝、灵帝都不是英明的君主，但都能违背众议而听取上述八人的意见。而大臣们无论贤愚也不再坚持前议，这是公道存在的表现。如果每件事情都能这样，天下难道还有不能治理好的吗？

汉母后

汉母后预政，不必临朝及少主，虽长君亦然。文帝系周勃，薄太后曰："绛侯绾皇帝玺，将兵于北军，不以此时反，今居一小县，顾欲反邪？"帝谢曰："吏方验而出之。"遂赦勃。吴、楚反诛，景帝欲续之，窦太后曰："吴王老人也，宜为宗室顺善，今乃首乱天下，奈何续其后！"不许吴，许立楚后。郅都害临江王，窦太后怒，会匈奴中都以汉法。帝曰："都忠臣。"欲释之。后曰："临江王独非忠臣乎？"于是斩都。武帝用王臧、赵绾，太皇窦太后不悦儒术，绾请毋奏事东宫，后大怒，求得二人奸利事以责上，上下绾、臧吏，杀之。窦婴、田蚡廷辩，王太后大怒不食，曰："我在也，而人皆藉吾弟，且帝宁能为石人邪！"帝不直蚡，特为太后故杀婴。韩嫣得幸于上，江都王为太后泣，请得入宿卫比嫣，后繇此衔嫣，嫣以奸闻，

后使使赐嫣死。上为谢，终不能得。成帝幸张放，太后以为言，帝尝涕泣而遣之。

【译文】

汉代母后干预朝政，不一定要亲自坐朝，或皇帝年幼，就是年龄大的皇帝，也是如此。文帝把周勃关入监牢，文帝的母亲薄太后说："绛侯掌管皇帝玉玺，统帅北军，不在那时造反，现今住在一个小县里，反而要造反吗？"文帝道歉说："狱吏正在查实，不久就可以释放。"随即赦免了周勃。吴王、楚王因为反叛被杀，汉景帝想要续封他们的子孙为王，窦太后说："吴王是元老，理应成为宗室的表率，而今竟然带头造反，祸乱天下，为什么要续封他的子孙？"不许续封吴王子孙，但同意续封楚王的后代。郅都陷害临江王，窦太后非常愤怒，恰好匈奴的一件事情牵涉郅都，太后以汉朝法律判他死罪。景帝说："郅都是忠臣。"想赦免他。太后说："临江王难道不是忠臣吗？"于是处死了郅都。武帝任用王臧、赵绾，窦太后不喜欢儒家学说，赵绾奏请武帝不要向东宫奏报国事，太后大怒，访察到二人的违法事实，责问武帝，武帝只好把王臧、赵绾交与司法官吏处置，二人被杀。窦婴、田蚡在朝廷互相指责，王太后大怒，不吃饭，说："我活着，有人就欺凌我的弟弟，皇帝难道是石头人吗？"武帝本来藐视田蚡为人，但为了太后的缘故，只得把窦婴杀了。韩嫣得到武帝宠爱，江都王对太后哭泣，要求和韩嫣一样宿卫皇宫。太后由此痛恨韩嫣，韩嫣奸情败露，太后派使者赐韩嫣自杀。武帝为韩嫣谢罪，未能得到太后允许。成帝宠爱张放，王太后很不满意，成帝只好含泪打发张放走了。

田千秋　郅恽

汉武帝杀戾太子，田千秋讼太子冤曰："子弄父兵当何罪？"帝大感悟曰："父子之间，人所难言也。公独明其不然，公当遂为吾辅佐。"遂拜为丞相。光武废郭后，郅恽言曰："夫妇之好，父不能得之于子，况臣能得之于君乎？是臣所不敢言。虽然，愿陛下念其可否之计，无令天下有议社稷而已。"帝曰："恽善恕己量主。"遂以郭氏为中山王太后，卒以寿终。此二人者，可谓善处人骨肉之间，谏不费词，婉而能入者矣。

【译文】

汉武帝杀了戾太子，田千秋为太子诉冤说："儿子玩弄父亲的兵器，应判什么罪？"武帝突然感悟说："父亲与儿子之间的事情，别人是不好说话的。只有你能明确认为太子没有造反，你应当成为我的辅佐。”于是任命田千秋为丞相。光武帝废掉郭皇后，郅恽进言说：“夫妻之间的和谐，父亲不能从儿子那里了解到，何况臣下能从君王处了解到吗？所以我不敢对此发表更多的意见。即使如此，我还是希望陛下多加考虑，这种做法是否可行，不要使天下人来议论君王的祖宗社稷。”光武帝说：“郅恽善于恕己量主。”于是以郭氏为中山王太后，并得以寿终正寝。田千秋与郅恽，可以说善于处理人们骨肉之间的事情，进谏之语简明而婉转，君王易于接受。

灌夫　任安

窦婴为丞相，田蚡为太尉，同日免。蚡后为丞相，而婴不用无势，诸公稍自引而怠骜，唯灌夫独否。卫青为大将军，霍去病才为校尉，已而皆为大司马。青日衰，去病日益贵。青故人门下多去事去病，唯任安不肯去。灌夫、任安，可谓贤而知义矣。然皆以他事卒不免于族诛，事不可料如此。

【译文】

窦婴任丞相，田蚡任太尉，同一天被免职。田蚡后来当了宰相，而窦婴没再被任用，失去了权势，朝廷诸公卿大臣渐渐与他疏远，或者怠慢于他，只有灌夫不是这样。卫青担任大将军时，霍去病才是校尉，不久，霍去病担任了大司马。卫青渐失势，霍去病日益显贵。卫青过去的门客大多离开卫青而到霍去病门下做事，只有任安不肯离去。灌夫、任安，可以算是贤良而深明大义的人了。然而都因为其他事而不免于族诛，事物的变化竟如此不可逆料。

李太白

世俗多言李太白在当涂采石，因醉泛舟于江，见月影俯而取之，遂溺死，故其地有捉月台。予按李阳冰作《太白草堂集序》云："阳冰试弦歌于当涂，公疾亟，草稿万卷，手集未修，枕上授简，俾为序。"又李华作《太白墓志》，亦云："赋《临终歌》而卒。"乃知俗传良不足信，盖与谓杜子美因食白酒牛炙而死者同也。

【译文】

世人多传说李白在当涂的采石因喝醉了酒，泛舟于江上时，见到水中月亮的影子，俯身去捞取，遂淹死于江中，故采石有捉月台。我考察李阳冰作《太白草堂集序》说："我在当涂做地方官时，太白病重，有草稿一万卷，还没有修订，在床上交给我，让我作序。"又李华作《太白墓志》，也说："太白作《临终歌》而死。"才知道社会上的流传实在不足为信，这与传说杜子美因喝了白酒、吃了牛肉饱胀而死一样纯属无稽之谈。

汉昭顺二帝

汉昭帝年十四，能察霍光之忠，知燕王上书之诈，诛桑弘羊、上官桀，后世称其明。然和帝时，窦宪兄弟专权，太后临朝，共图杀害。帝阴知其谋，而与内外臣僚莫由亲接，独知中常侍郑众不事豪党，遂与定议诛宪，时亦年十四，其刚决不下昭帝，但范史发明不出，故后世无称焉。顺帝时，梁商为大将军辅政，商以小黄门曹节用事于中，遣子冀与交友，而宦官忌其宠，反欲害之。中常侍张逵、蘧政、杨定等，与左右连谋，共谮商及中常侍曹腾、孟贲，云欲议废立，请收商等按罪。帝曰："大将军父子我所亲，腾、贲我所爱，必无是，但汝曹共妒之耳。"逵等知言不用，遂出矫诏收缚腾、贲。帝震怒，收逵等杀之，此事尤与昭帝相类。霍光忠于国，而为子禹覆其宗，梁商忠于国，而为子冀覆其宗，又相似。但顺帝复以政付冀，其明非昭帝比，故不为人所称。

【译文】

汉昭帝十四岁，能洞察霍光的忠诚，能审察燕王上书的欺诈，诛杀桑弘羊、上官桀，后世称他为英明之君。然而东汉和帝时，窦宪兄弟专权，窦太后临朝听政，图谋杀害和帝。和帝已洞察其阴谋，但无法与内外大臣接近，他知道中常侍郑众不巴结豪门奸党，遂和郑众定计，杀掉窦宪，当时也是十四岁，刚烈决断不比昭帝差。但范晔的《后汉书》没有指出这点，以至后代无人称道和帝。汉顺帝时，梁商为大将军辅佐政事，梁商见小黄门曹节侍候皇帝，遂让自己的儿子梁冀与曹节交上朋友。宦官们妒忌他们得到皇帝的恩宠，想加害他们。中常侍张逵、蘧政、杨定等人，与皇帝左右的人共同策划诬蔑梁商及中常侍曹腾、孟贲，说他们想另立皇帝。顺帝说："大将军父子是我亲近的人，曹腾、孟贲是我所喜爱的人，绝无另外谋立皇帝之事，只不过是你们妒忌他们罢了。"张逵等知道顺帝不听摆布，就假托皇帝之命逮捕曹腾、孟贲。顺帝发怒，将张逵等逮捕杀了，此事尤其与昭帝所为相类似。霍光忠于国家，却因为儿子霍禹的罪恶灭了族，梁商忠于国家，因为儿子梁冀灭了族，这事又相似。但顺帝把政事交给梁冀，他的明断不能与昭帝相比，所以不被后人称道。

三女后之贤

王莽女为汉平帝后，自刘氏之废，常称疾不朝会。莽敬惮伤哀，欲嫁之，后不肯，及莽败，后曰："何面目以见汉家。"自投火中而死。杨坚女为周宣帝后，知其父有异图，意颇不平，形于言色，及禅位，愤惋愈甚。坚内甚愧之，欲夺其志，后誓不许，乃止。李昪女为吴太子琏妃，昪既篡吴，封为永兴公主，妃闻人呼公主，则流涕而辞。三女之事略同，可畏而仰，彼为其父者，安所置愧乎？

【译文】

王莽的女儿是汉平帝皇后，自刘氏被废，经常推托有病不上朝。王莽对她既敬畏又哀怜，想让她再嫁人，她不答应。等到王莽失败，她说："我有什么面目去见刘家的人。"于是自己跳到火中而死。杨坚的女儿为周宣帝皇后，知道杨坚想篡夺帝位，愤愤不平之色表现于言谈举止之中，等到杨坚篡位，更为愤恨。杨坚内心感到惭愧，想让她改嫁，她发誓不答应，杨坚只好作罢。李昪的女儿是吴国太子琏的妃子，李昪篡夺了吴国，封她为永兴公主，她听到有人称她公主，就流泪不许别人叫。这三位女子的事迹大略相同，可敬可仰，作为她们的父亲，难道不感到惭愧吗？

贤父兄子弟

宋谢晦为右卫将军，权遇已重，自彭城还都迎家，宾客辐凑。兄瞻惊骇曰："汝名位未多，而人归趣乃尔，此岂门户之福邪！"乃以篱隔门庭，曰："吾不忍见此。"又言于宋公裕，特乞降黜，以保衰门。及晦立佐命功，瞻意忧惧，遇病，不疗而卒。晦果覆其宗。颜竣于孝武有功，贵重，其父延之常语之曰："吾平生不喜见要人，今不幸见汝。"尝早诣竣，见宾客盈门，竣尚未起，延之怒曰："汝出粪土之中，升云霞之上，遽骄傲如此，其能久乎？"竣竟为孝武所诛。延之、瞻可谓贤父兄矣。

隋高颎拜为仆射，其母戒之曰："汝富贵已极，但有一斫头尔！"颎由是常恐祸变，及罢免为民，欢然无恨色，后亦不免为炀帝所诛。唐潘孟阳为侍郎，年未四十，母曰："以尔之材，而位丞郎，使吾忧之。"严武卒，母哭曰："而今而后，吾知免为官婢。"三者可谓贤母矣。

褚渊助萧道成篡宋为齐，渊从弟炤谓渊子贲曰："不知汝家司空将一家物与一家，亦复何谓？"及渊为司徒，炤叹曰："门户不幸，乃复有

今日之拜。”渊卒，世子贲耻其父失节，服除遂不仕，以爵与其弟，屏居终身。齐王晏助明帝夺国，从弟思远曰：“兄将来何以自立？若及此引决，犹可保全门户。”及拜骠骑将军，集会子弟，谓思远兄思微曰：“隆昌之末，阿戎劝吾自裁，若从其语，岂有今日？”思远曰：“如阿戎所见，今犹未晚也。”晏叹曰：“世乃有劝人死者！”晏果为明帝所诛。炤、贲、思远，可谓贤子弟矣。

【译文】

南朝刘宋时，谢晦担任右卫将军，权位待遇很重，从彭城回京城，迎接家属，来看望他的宾客车马拥挤。他的哥哥谢瞻很担心，说：“你的名声与地位并不高，众人如此趋奉，这难道是我家族的福气吗？”就用篱笆将庭院隔开，说：“我不忍心见到这种情况。”他又请求宋公刘裕，将自己降职或免职，以便保住将要衰败的门庭。到谢晦辅佐刘裕，建立宋朝，谢瞻内心忧惧不已，以致患病，没等到医生治疗就死了。后来谢晦果然被灭了族。颜竣对宋孝武帝有大功，得到孝武帝器重。他的父亲颜延之经常对他说：“我平生不喜欢见有权势的人，现在不幸遇到了你。”有天早晨去看颜竣，见房子里宾客盈门，而颜竣尚未起床，颜延之大怒说：“你出身于粪土之中，升到青云之上，就如此骄傲，会长久吗？”颜竣终于被孝武帝所杀。颜延之、谢瞻真可以说是贤明的父兄了。

隋代高颎被授官为尚书仆射，他母亲告诫他说：“你富贵已到了顶点，只有一个头被砍了。”高颎因此常怕有祸发生，在被罢官为民后，高兴无怨言，但后来还是被炀帝杀害。唐代潘孟阳担任侍郎时，还不到四十岁，他母亲说：“以你的才能，竟当了丞郎，真使我担心。”严武去世，他的母亲哭着说："从今以后，我知道我不会当官家的奴婢了。"这三个人可算是贤明的母亲了。

褚渊帮助萧道成篡夺宋朝皇位，建立齐朝，褚渊的堂弟褚炤对褚渊的儿子褚贲说："我不知道你家司空将一家的东西送给另一家，是什么意思？"褚渊担任了齐朝的司徒后，褚炤叹气说："家门不幸，至有这样的封官。"褚渊死后，大儿子褚贲为父亲的失节而感到耻辱，服孝期满，不再做官，把爵位让给了弟弟，隐居终身。南齐时王晏帮助萧鸾夺得帝位，他的堂弟王思远对他说："老兄将来怎么立身处世？如能在此时自杀，还可保住家族的门户。"王晏被任命为骠骑将军后，召集家族的子弟予以庆贺，并对王思远的哥哥王思微说："隆昌末年，思远弟劝我自杀，如果听了他的话，哪有今天？"思远说："依我之见，今天还不晚。"王晏叹息说："世上竟有劝人自杀的！"王晏后来果然被齐明帝杀死。褚炤、褚贲、王思远可算是贤明子弟了。

张嘉贞

唐张嘉贞为并州长史、天兵军使，明皇欲相之，而忘其名，诏中书侍郎韦抗曰："朕尝记其风操，今为北方大将，张姓而复名，卿为我思之。"抗曰："非张齐丘乎？今为朔方节度使。"帝即使作诏以为相，夜阅大臣表疏，得嘉贞所献，遂相之。议者谓明皇欲大用人，而卤莽若是，非得嘉贞表疏，则误相齐丘矣。予考其事大为不然。按开元八年，嘉贞为相，而齐丘以天宝八载始为朔方节度，相去三十年，安得如上所云者？又是时明皇临御未久，方厉精为治，不应置相而不审其名位，盖郑处诲所著《明皇杂录》妄载其事，史家误采之也，《资治通鉴》弃不取云。

【译文】

唐代张嘉贞担任并州长史、天兵军使，唐明皇想让他当宰相，但忘记了他的名字，告诉中书侍郎韦抗说：“我曾记得该人的风度品格，现在是北方的大将，姓张，双名，你替我想想是谁？”韦抗说：“是不是张齐丘？现在担任朔方节度使。”唐明皇随即让韦抗起草诏书，任张齐丘为宰相。当夜唐明皇阅读大臣奏章，看到张嘉贞写的疏文，便让他当了宰相。评论者认为唐明皇欲重用人才，却如此卤莽，如果不是看到张嘉贞的表章，就险些误让张齐丘做了宰相。我考察这件事，认为根本不可能。开元八年，张嘉贞为宰相，而张齐丘是天宝八年才担任朔方节度使的，两者相差三十年，怎么能像上面所说的那样呢？而且当时唐明皇即位不久，正是励精图治之时，不会任命丞相而不知道他的名字和官位的，这是郑处诲著的《明皇杂录》胡乱记载了此事，而一些历史学家错误地采用了这个记载。《资治通鉴》就没有采用。

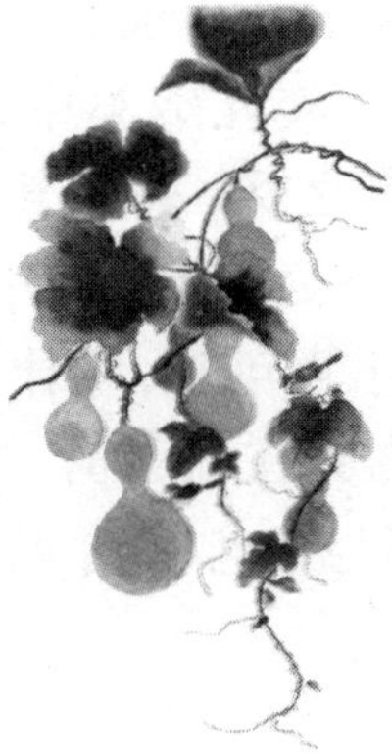

张九龄作牛公碑

张九龄为相，明皇欲以凉州都督牛仙客为尚书，执不可，曰："仙客河湟一使典耳，擢自胥吏，目不知书，陛下必用仙客，臣实耻之。"帝不悦，因是遂罢相。观九龄集中，有《赠泾州刺史牛公碑》，盖仙客之父，誉之甚至，云："福善莫大于有后，仙客为国之良，用商君耕战之国，修充国羌胡之具，出言可复，所计而然，边捍长城，主恩前席。"正称其在凉州时，与所谏止尚书事亦才一年，然则与仙客非有夙嫌，特为公家忠计耳。

【译文】

张九龄任丞相，唐明皇打算调凉州都督牛仙客来朝廷担任尚书，张九龄坚决不同意，说："牛仙客只是河湟地区的一个使典罢了，从小吏提拔上来，目不识丁，陛下一定要用牛仙客，我实在感到耻辱。”唐明皇不高兴，因此罢免了张九龄的丞相职位。读张九龄文集，有《赠泾州刺史牛公碑》，是记牛仙客的父亲，其中对牛仙客评价很高，说：“福与善没有比有一个好的后代更好的了，仙客是国家的贤良之才，运用商鞅奖励耕战的办法，充实汉代赵充国治理胡羌的方略，把制订的计划付诸实施，捍卫长城，受到皇帝器重。”写的正是牛仙客在凉州的作为，与他谏止牛仙客担任尚书之事还不到一年。可见张九龄与牛仙客并不是有旧怨，只不过是为国家考虑，尽忠而已。

温公客位榜

司马温公作相日，亲书榜稿揭于客位，曰："访及诸君，若睹朝政阙遗，庶民疾苦，欲进忠言者，请以奏牍闻于朝廷，光得与同僚商议，择可行者进呈，取旨行之。若但以私书宠谕，终无所益。若光身有过失，欲赐规正，即以通封书简分付吏人，令传入，光得内自省讼，佩服改行。至于整会官职差遣、理雪罪名，凡干身计，并请一面进状，光得与朝省众官公议施行。若在私第垂访，不请语及。某再拜咨白。"乾道九年，公之曾孙伋出镇广州，道过赣，获观之。

【译文】

司马光当宰相的时候，亲自写了个告白张贴于客厅，说："来访的各位先生，如果看到朝廷政事有失误遗漏，百姓有疾苦，想提出诚恳意见的，请写好奏章上报朝廷，我司马光与同僚商议，选择可行的报告皇帝，经皇帝批准后即刻施行。如果只是报告给我个人，始终没有益处。假若我司马光本身有错误，想让我改正，就用一般书信的形式，封好后交给我的吏员，让他们送给我，我将认真思考，虚心改正。至于有关官职的委任、平反罪名等有关个人前途命运的事情，请把报告送往朝廷，我将与朝廷众官公开讨论施行。如果到我家私访，请不要谈及这些事。特此敬告。”宋孝宗乾道九年，司马光的曾孙司马伋去广州任职，路经赣州，我看到了这篇告白。

李颀诗

欧阳公好称诵唐严维诗“柳塘春水慢，花坞夕阳迟”及杨衡“竹径通幽处，禅房花木深”之句，以为不可及。予绝喜李颀诗云：“远客坐长夜，雨声孤寺秋。请量东海水，看取浅深愁。”且作客涉远，适当穷秋，暮投孤村古寺中，夜不能寐，起坐凄恻，而闻檐外雨声，其为一时襟抱，不言可知，而此两句十字中，尽其意态，海水喻愁，非过语也。

【译文】

欧阳修喜欢称诵唐朝人严维的诗句“柳塘春水慢，花坞夕阳迟”和杨衡的“竹径通幽处，禅房花木深”等句子，认为自己写不出这样的诗句。我则特别喜欢李颀的诗：“远客坐长夜，雨声孤寺秋。请量东海水，看取浅深愁。”远离家乡的游子，正逢秋末之际，晚上投宿于一孤村古寺之中，夜不能睡。独自一人坐起来，又凄凉又悲伤。听到屋檐外的雨声，此情此景，不言可知，而这两句十个字，把人的情思形态描写得入木三分，用海水比喻人的愁闷，恰当而不过分。

马融　皇甫规

汉顺帝时，西羌叛，遣征西将军马贤将十万人讨之。武都太守马融上疏曰："贤处处留滞，必有溃叛之变。臣愿请贤所不用关东兵五千，裁假部队之号，尽力率厉，三旬之中必克破之。"不从。贤果与羌战败，父子皆没，羌遂寇三辅，烧园陵。诏武都太守赵冲督河西四郡兵追击。安定上计掾皇甫规上疏曰："臣比年以来，数陈便宜：羌戎未动，策其将反；马贤始出，知其必败。愿假臣屯列坐食之兵五千，出其不意，与冲共相首尾。土地山谷，臣所晓习，可不烦方寸之印、尺帛之赐，可以涤患。"帝不能用。赵冲击羌不利，羌寇充斥，凉部震恐，冲战死，累年然后定。按马融、皇甫规之言晓然易见，而所请兵皆不过五千，然讫不肯从，乃知宣帝纳用赵充国之册为不易得，所谓明主可为忠言也。

【译文】

东汉顺帝时，西羌反叛，朝廷派征西将军马贤率领十万大军征讨。武都太守马融上书说："马贤到处滞留，军队必定发生溃乱。我愿意率领马贤不愿用的五千关东兵，给我一个部队的番号，尽力以身作则鼓励他们，三十天内必定打败西羌。”朝廷没有听从马融的意见，马贤果然战败，父子都战死了。西羌乘势骚扰关中地方，焚烧汉帝陵园。顺帝下诏武都太守赵冲率领河西四郡军队予以追击。安定上计掾皇甫规上书说：“我近年来，几次陈述边疆事宜：羌戎还没兴兵，我就估计他们要造反；马贤刚刚出兵，就知道他必然失败。请朝廷给我屯守不战之兵五千，出其不意，与赵冲前后夹击叛羌。这一带的山川地势，我非常熟悉，不需要皇上的印绶和钱粮布帛，就可以消除边患。”顺帝没采用。赵冲与羌人的战争失利，羌人大规模集结，凉州震动恐慌，赵冲战死，几年后才平定了西羌叛乱。我认为马融、皇甫规的话已说得非常明确清楚，并且要的军队也不超过五千，但始终不肯应允，这才知道汉宣帝采纳赵充国的计谋实为难得，只有英明的君主才可以向他进谏忠言啊。

晋文公

晋公子重耳自狄适他国凡七，卫成公、曹共公、郑文公皆不礼焉，齐桓公妻以女，宋襄公赠以马，楚成王享之，秦穆公纳之，卒以得国。卫、曹、郑皆同姓，齐、宋、秦、楚皆异姓，非所谓“岂无他人，不如同姓”也。晋文公卒未葬，秦师伐郑灭滑，无预晋事，晋先轸以为秦不哀吾丧，而伐吾同姓，背秦大惠，使襄公墨衰绖而伐之。虽幸胜于殽，终启焚舟之战，两国交兵，不复修睦者数百年。先轸是年死于狄，至孙縠而诛灭，天也。

【译文】

晋国公子重耳自狄逃往他国，历经七国，卫成公、曹共公、郑文公都对他不以礼相待，而齐桓公则把女儿许配给他做妻子，宋襄公赠给他马匹，楚成王设宴招待他，秦穆公接纳他住下，最后重耳回到晋国做了国君。卫国、曹国、郑国的国君与重耳是同姓，齐国、宋国、秦国、楚国的国君则为异姓，所谓“岂无他人，不如同姓”的说法是不正确的。晋文公死后还没有埋葬，秦国军队就进攻郑国，并灭掉了滑国，这本来与晋国无关，而晋国将军先轸认为秦国对晋国的国丧不予哀悼，并且进攻晋的同姓之国，背弃了秦国对晋国的恩惠，让晋襄公身着孝服讨伐秦国。虽然侥幸在殽地打败了秦国，终于引起焚舟之战，两国交兵，处于战争状态达数百年。这一年，先轸死在狄，到他的孙子先縠时，全家都被诛灭，这真是天意啊。

南夷服诸葛

蜀刘禅时，南中诸郡叛，诸葛亮征之，孟获为夷汉所服，七战七擒，曰："公，天威也，南人不复反矣。"《蜀志》所载，止于一时之事。国朝淳化中，李顺乱蜀，招安使雷有终遣嘉州士人辛怡显使于南诏，至姚州，其节度使赵公美以书来迎，云："当境有泸水，昔诸葛武侯戒曰：'非贡献征讨，不得辄渡此水；若必欲过，须致祭，然后登舟。'今遣本部军将赍金龙二条，金钱二千文，并设酒脯，请先祭享而渡。"乃知南夷心服，虽千年如初。呜呼，可谓贤矣！事见怡显所作《云南录》。

【译文】

蜀汉刘禅时，南中的几个郡都发动叛乱，诸葛亮领兵征讨，孟获是南中首领，并得到当地夷人、汉人的拥戴，与诸葛亮打了七仗，被擒七次。孟获说：“先生有上天之威雄，我南中人再不造反了。”《三国志·蜀书》中所记载的，只是当时的事情。宋朝太宗淳化年间，李顺在蜀地造反，招安使雷有终派嘉州士人辛怡显出使南诏，到了姚州，节度使赵公美带着文书迎接他说：“当地境内有泸水河，过去武侯诸葛亮告诫说：‘不是去贡献特产，或者带兵去征讨，就不要渡过这条河；如果一定要过，必须致祭于泸水河，然后再乘船。’现在派遣本部的将士带金龙二条，金钱二千文，并摆设酒肉，请先祭祀后再渡河。”由此才知道南夷对诸葛亮的心服，虽事过千年仍然如当初一样。唉，诸葛亮真是贤明啊！此事见于辛怡显所作的《云南录》。

李宓伐南诏

唐天宝中，南诏叛，剑南节度使鲜于仲通讨之，丧士卒六万人。杨国忠掩其败状，仍叙其战功。时募兵击南诏，人莫肯应募，国忠遣御史分道捕人，连枷送诣军所，行者愁怨，所在哭声振野。至十三载，剑南留后李宓将兵七万往击南诏。南诏诱之深入，闭壁不战。宓粮尽，士卒瘴疫及饥死什七八，乃引还。蛮追击之，宓被擒，全军皆没。国忠隐其败，更以捷闻，益发兵讨之。此《通鉴》所纪。《旧唐书》云："李宓率兵击蛮于西洱河，粮尽军旋，马足陷桥，为阁罗凤所擒。"《新唐书》亦云："宓败死于西洱河。"予案《高适集》中有《李宓南征蛮诗》一篇，序云："天宝十一载，有诏伐西南夷，丞相杨公兼节制之寄，乃奏前云南太守李宓涉海自交趾击之，往复数万里，十二载四月至于长安。君子是以知庙堂使能，而李公效节。予忝斯人之旧，因赋是诗。"其略曰："肃穆庙堂上，深沉节制雄。遂令感激士，得建非常功。鼓行天海外，转战蛮夷中。长驱大浪破，急击群山空。饷道忽已远，县军垂欲穷。野食掘田鼠，晡餐兼僰

僮。收兵列亭候，拓地弥西东。泸水夜可涉，交州今始通。归来长安道，召见甘泉宫。”其所称述如此。虽诗人之言未必皆实，然当时之人所赋，其事不应虚言，则宓盖归至长安，未尝败死，其年又非十三载也。味诗中掘鼠餐僮之语，则知粮尽危急，师非胜归明甚。

【译文】

唐玄宗天宝年间，南诏叛乱，剑南节度使鲜于仲通带兵前去讨伐，丧失士卒六万人。宰相杨国忠掩盖了失败的情况，仍然给他记上战功。当时招募军队进攻南诏，人们都不愿意应募，杨国忠派遣御史在全国各地抓人，抓到后戴上枷锁送往军中，被抓的人心中充满愁怨，沿途痛哭遍野。到天宝十三年，剑南留后李宓率兵七万去攻打南诏。南诏诱敌深入，坚壁不战。李宓粮草耗尽，士卒感染瘴疫，病死、饿死的占十分之七八，只得率军返回。南诏军队紧追不舍，李宓被活捉，唐全军覆没。杨国忠隐瞒失败的消息，反而向朝廷报捷，增派军队去攻打。这是《通鉴》里记载的。《旧唐书》写道："李宓率兵在西洱河进攻南蛮，粮尽回军，马失足陷在桥中，被南诏首领阁罗凤擒获。"《新唐书》也说："李宓败死于西洱河。"我考察《高适集》中有《李宓南征蛮诗》一篇，序中说："天宝十一年，皇帝下诏讨伐西南蛮夷，丞相杨国忠兼节制讨伐事宜，于是表奏前云南太守李宓渡海绕道交趾攻击南诏，来往数万里，天宝十二年四月，李宓回到长安，人们因此知道朝廷能用人，而李宓效忠国家。我作为李宓的旧友，写了这首诗。"他的诗大略是："肃穆庙堂上，深沉节制雄。遂令感激士，得建非常功。鼓行天海外，转战蛮夷中。长驱大浪破，急击群山空。饷道忽已远，县军垂欲穷。野食掘田鼠，晡餐兼僰僮。收兵列亭候，拓地弥西东。泸水夜可涉，交州今始通。归来长安道，召见甘泉宫。”高适是如此称述李宓。虽然诗人的话未必是真实的，但是当时人所写的诗，不会全是谎言。这就是说李宓大概回到了长安，并没有败死。那年也不是天宝十三年。体会诗中挖掘老鼠、食僰族小孩等语，可知粮尽危急。很明显，军队并非战胜而归。

晋之亡与秦隋异

自尧、舜及今，天下裂而复合者四：周之末为七战国，秦合之；汉之末分为三国，晋合之；晋之乱分为十馀国，争战三百年，隋合之；唐之后又分为八九国，本朝合之。然秦始皇一传而为胡亥，晋武帝一传而为惠帝，隋文帝一传而为炀帝，皆破亡其社稷。独本朝九传百七十年，乃不幸有靖康之祸，盖三代以下治安所无也。秦、晋、隋皆相似，然秦、隋一亡即扫地，晋之东虽曰“牛继马后”，终为守司马氏之祀，亦百有馀年。盖秦、隋毒流四海，天实诛之，晋之八王擅兵，孽后盗政，皆本于惠帝昏蒙，非得罪于民，故其亡也，与秦、隋独异。

【译文】

从尧、舜至现在，天下分裂而又统一的有四次：周朝末年为战国七雄，秦朝统一；东汉之末分为三国，西晋统一；西晋大乱分为十几个小国，战争达三百年，隋朝统一；唐朝之后又分成八九个小国，本朝统一。然而秦始皇一传而至胡亥，晋武帝一传而至惠帝，隋文帝一传而为炀帝，都使国家遭受了灭亡。唯独本朝传了九代有一百七十年，虽中间不幸有靖康年间的大祸，大概三代以来没有如本朝这样大治安定的了。秦朝、晋朝、隋朝都有相似之处，然而秦、隋一旦灭亡就一蹶不振，东晋虽被称为“牛继马后”，但终究保持了司马氏的社稷，享有百余年天下。这是因为秦、隋流毒四海，上天要诛灭他们，而西晋八王之乱，孽后贾南风擅权乱国，都是因为晋惠帝的昏庸无能造成的，并不是得罪了百姓，所以它的灭亡与秦、隋的灭亡是有区别的。

上官桀

汉上官桀为未央厩令，武帝尝体不安，及愈，见马，马多瘦，上大怒：“令以我不复见马邪？”欲下吏，桀顿首曰：“臣闻圣体不安，日夜忧惧，意诚不在马。”言未卒，泣数行下。上以为忠，由是亲近，至于受遗诏辅少主。义纵为右内史，上幸鼎湖，病久，已而卒起幸甘泉，道不治，上怒曰：“纵以我为不行此道乎？”衔之，遂坐以他事弃市。二人者，其始获罪一也，桀以一言之故超用，而纵及诛，可谓幸不幸矣。

【译文】

西汉的上官桀担任未央厩令，汉武帝曾经身体一度不适，病愈后，到马厩察看，发现官马大多很瘦弱，非常愤怒，说：“是不是认为我再也看不到马了？”要把上官桀下狱。上官桀叩头说：“我听说圣上贵体欠安，日夜忧惧，确实没把心思放在马上。”言未尽，眼泪滚滚落下。武帝认为他忠心，于是对他很亲近，以至于成了受武帝遗诏辅助少主的大臣之一。义纵做右内史时，武帝巡视鼎湖，病了很久，好转后突然要去甘泉宫，而道路没有来得及清理，武帝大怒说：“义纵以为我不会再走这条路了吗？”内心很恨义纵，于是以别的事为借口将义纵杀了。二人开始获罪时性质相同，上官桀以一句话得以提拔重用，而义纵被杀，真可谓幸运与不幸运了。

金日磾

金日磾没入宫，输黄门养马。武帝游宴见马，后宫满侧，日磾等数十人牵马过殿下，莫不窃视，至日磾，独不敢。日磾容貌甚严，马又肥好，上奇焉，即日拜为马监，后受遗辅政。日磾与上官桀皆因马而受知，武帝之取人，可谓明而不遗矣。

【译文】

金日磾被俘虏后，进入皇宫，并被送到黄门去养马。汉武帝游宴时去马厩看马，后宫嫔妃站满两侧，金日磾等数十人牵着马经过殿下，大家都偷看宫女，唯独金日磾不敢。金日磾容貌很威严，所养的马又肥又壮，武帝感到惊异，就在那天拜金日磾为马监，后金日磾又受遗诏辅佐少主。金日磾与上官桀都是因为马受到知遇，武帝选拔人才，可以说是圣明而无遗漏了。

汉宣帝忌昌邑王

汉废昌邑王贺而立宣帝，贺居故国，帝心内忌之，赐山阳太守张敞玺书，戒以谨备盗贼。敞条奏贺居处，著其废亡之效。上知贺不足忌，始封为列侯。光武废太子强为东海王而立显宗，显宗即位，待强弥厚。宣、显皆杂霸道，治尚刚严，独此事显优于宣多矣。

【译文】

汉朝大臣霍光等废黜昌邑王刘贺而另立宣帝，刘贺回到原来的封国，而宣帝内心很猜忌刘贺，赐给山阳太守张敞加盖了玺印的手谕，告诉他要谨慎防备盗贼。张敞逐条报告刘贺被废回国后的情况。宣帝知道刘贺没有什么可以值得猜忌的，于是封刘贺为侯。东汉光武帝废黜太子刘强为东海王，而另立刘庄为太子，刘庄登帝位，史称显宗，他待刘强很优厚。汉宣帝、汉显宗治国崇尚霸道，用法严峻，唯独此事显宗要比汉宣帝做得强多了。

平津侯

公孙平津本传称其意忌内深，杀主父偃，徙董仲舒，皆其力。然其可称者两事：武帝置苍海、朔方之郡，平津数谏，以为罢弊中国以奉无用之地，愿罢之。上使朱买臣等难之，乃谢曰：“山东鄙人，不知其便若是，愿罢西南夷专奉朔方。”上乃许之。卜式上书，愿输家财助边，盖迎合主意。上以语平津，对曰：“此非人情，不轨之臣不可以为化而乱法，愿勿许。”乃罢式。当武帝好大喜功而能如是，概之后世，足以为贤相矣！惜不以式事载本传中。

【译文】

平津侯公孙弘本传说他妒忌心很重，杀主父偃、贬逐董仲舒，都是他促成的。不过公孙弘可以称道的也有两件事：一是汉武帝欲设置苍海、朔方二郡，公孙弘数次劝谏，认为这是使国家疲弱而奉养无用武之地，请求停止设置。武帝让朱买臣等人责问他，公孙弘谢罪说：“我是山东边远地方的人，不懂得设置苍海、朔方郡有如此多的便利，希望停止设置西南夷而专门经营朔方。”武帝同意了他的请求。卜式上书，宁愿贡纳自己的财产给国家以帮助国家对边防的经营，这是为了迎合汉武帝欲攻打匈奴的用意。武帝将此事告知公孙弘，公孙弘说：“这不符合人之常情，有不良动机的人不可以教化天下，只会扰乱国法，希望不要允许。”于是汉武帝罢免了卜式。当汉武帝好大喜功之时，公孙弘能如此进谏，与后世相比，可以称为贤相了。可惜的是没有把关于谏纳卜式的事记载在公孙弘的本传中。

韩信　周瑜

世言韩信伐赵，赵广武君请以奇兵塞井陉口，绝其粮道，成安君不听。信使间人窥知其不用广武君策，还报则大喜，乃敢引兵遂下，遂胜赵。使广武计行，信且成禽，信盖自言之矣。周瑜拒曹公于赤壁，部将黄盖献火攻之策，会东南风急，悉烧操船，军遂败。使天无大风，黄盖不进计，则瑜未必胜。是二说者，皆不善观人者也。夫以韩信敌陈馀，犹以猛虎当羊豕尔。信与汉王语，请北举燕、赵，正使井陉不得进，必有他奇策矣。其与广武君言曰："向使成安君听子计，仆亦禽矣。"盖谦以求言之词也。方孙权问计于周瑜，瑜已言操冒行四患，将军禽之宜在今日。刘备见瑜，恨其兵少。瑜曰："此自足用，豫州但观瑜破之。"正使无火攻之说，其必有以制胜矣，不然，何以为信、瑜？

【译文】

世人都说韩信攻打赵国时，赵国的广武君李左车请求用一支奇兵扼守井陉口，断绝韩信大军的粮道，但成安君陈馀没有采纳。韩信派间谍了解到成安君不采纳广武君的计策，十分高兴，于是敢于率兵前进，终于打败赵国。假使广武君的计策被贯彻执行，韩信将可能被擒获。这大概是韩信自己说的话。周瑜与曹操相持于赤壁，周瑜部将黄盖献火攻之计策，进攻那天，恰好东南风很大，烧毁了曹操的所有战船，曹军大败。假使那天无东南风，或者黄盖不献火攻之计，则周瑜未必能战胜曹操。这两种说法，都是不善于观察人的结果。韩信与陈馀相对阵，如同猛虎与羊、猪相对阵一般。韩信请求汉王刘邦让他领军攻打燕、赵，即使井陉进不去，韩信必然有其他奇谋善策。韩信对广武君李左车说："假若成安君采纳您的计策，我就被你们擒获了啊。"这是谦虚以求沟通的话。当孙权向周瑜询问破曹操的良计时，周瑜已说过曹操贸然出军的四大弊端，擒获曹操就在当今之际。刘备见到周瑜，嫌周瑜的军队太少。周瑜说："足够用了，您刘豫州就看我打败曹操吧！"即使没有黄盖献火攻的计策，周瑜也一定有其他制胜的办法。如果不是这样，韩信、周瑜不就与一般人无异了吗？

汉武赏功明白

卫青为大将军，霍去病始为校尉，以功封侯。青失两将军，亡翕侯，功不多，不益封。其后各以五万骑深入，去病益封五千八百户，裨校封侯益邑者六人，而青不得益封，吏卒无封者。武帝赏功，必视法如何，不以贵贱为高下，其明白如此。后世处此，必曰青久为上将，俱出塞致命，正不厚赏，亦当有以慰其心，不然，它日无以使人，盖失之矣。

【译文】

卫青担任大将军时，霍去病才开始担任校尉，以军功封为列侯。卫青进攻匈奴时，失掉了两个将军，翕侯阵亡，功劳不多，不能增加封户。后来卫青与霍去病各自率领五万骑兵深入匈奴腹地，霍去病增封五千八百户，偏将、校尉封侯增加食邑的有六人，而卫青没有增加封户，手下的吏卒也没有人受封。汉武帝的奖赏，按规定进行，不以身份贵贱论高下，如此圣明。后世遇到这种情况，必然会说卫青久为上将，一同出塞效命国家，即使没有奖赏，也应当有所表示以安慰士卒的心，不然，他日将无法驱使将士。这种想法是不正确的。

周召房杜

召公为保，周公为师，相成王为左右。观此二相，则刑措四十年，颂声作于下，不言可知。唐贞观三年二月，房玄龄为左仆射，杜如晦为右仆射，魏征参预朝政。观此三相，则三百年基业之盛，概可见矣。

【译文】

召公为太保，周公为太师，辅佐周成王，执掌国事。观察这两个宰相，刑法搁置不用达四十年，老百姓一片歌颂之声，其治理之好不言而喻。唐太宗贞观三年二月，房玄龄为左仆射，杜如晦为右仆射，魏征参与朝政。观察这三位宰相，则唐朝三百年基业的盛况就可以窥见一斑了。

李后主　梁武帝

东坡书李后主去国之词云："最是苍皇辞庙日，教坊犹奏别离歌，挥泪对宫娥。"以为后主失国，当恸哭于庙门之外，谢其民而后行，乃对宫娥听乐，形于词句。予观梁武帝启侯景之祸，涂炭江左，以致覆亡，乃曰："自我得之，自我失之，亦复何恨。"其不知罪己亦甚矣！窦婴救灌夫，其夫人谏止之，婴曰："侯自我得之，自我捐之，无所恨。"梁武用此言而非也。

【译文】

苏东坡写南唐李后主亡国被俘后离开都城金陵时的情景说："最是苍皇辞庙日，教坊犹奏别离歌，挥泪对宫娥。"认为李后主失国，应当痛哭于祖宗之庙外，以向人民谢罪后起程前往汴京，但他却与宫娥对坐听乐，故写此词予以讥讽。我看到梁武帝引起侯景之祸乱，使江东地区惨遭涂炭，致使国家覆亡。他却说："国家是我自己得来的，又从我自己手中失去，我有什么值得遗憾的呢？"这是太不知道自己的罪过了！西汉窦婴要救助获罪的灌夫，他的夫人劝阻他，窦婴说："侯爵是我自己得来的，我自己要放弃它，这没有什么遗憾。"梁武帝引用这句话来比喻他自己的情况是完全不对的。

魏郑公谏语

魏郑公谏止唐太宗封禅，中间数语，引喻剀切，曰：“今有人十年长患，疗治且愈，此人应皮骨仅存，便欲使负米一石，日行百里，必不可得。隋氏之乱，非止十年，陛下为之良医，疾苦虽已乂安，未甚充实。告成天地，臣切有疑。”太宗不能夺。此语见于公《谏录》及《旧唐书》，而《新史》不载。《资治通鉴》记其谏事，亦删此一节，可惜也！

【译文】

魏征劝阻唐太宗去泰山封禅，中间有几句话，比喻切实，他说：“现在有一个人患病已十年，经医治基本痊愈，但他也只剩下皮包骨了，竟要他背一石米，每天行百里，这是必不可能做到的。隋朝之乱，超过十年，陛下虽然是个良医，国家的病痛虽然已被解除，但国家并不充实。如今去敬告天地，我作为大臣感到疑惑不解。”唐太宗无法驳斥魏征。这几句话见于魏征的《谏录》以及《旧唐书》，《新唐书》没有记载。《资治通鉴》记载了魏征劝阻的事，但删去了这一段，太可惜了！

洛中盱江八贤

司马温公《序赙礼》，书闾阎之善者五人，吕南公作《不欺述》，书三人，皆以卑微不见于史氏。予顷修国史，将以缀于孝行传而不果成，聊纪之于此。

温公所书皆陕州夏县人。曰医刘太，居亲丧，不饮酒食肉终三年，以为今世士大夫所难能。其弟永一，尤孝友廉谨。夏县有水灾，民溺死者以百数，永一执竿立门首，他人物流入门者，辄擿出之。有僧寓钱数万于其室而死，永一诣县自陈，请以钱归其弟子。乡人负债不偿者，毁其券。曰周文粲，其兄嗜酒，仰弟为生，兄或时酗殴粲，邻人不平而唁之，粲怒曰："兄未尝殴我，汝何离间吾兄弟也！"曰苏庆文者，事继母以孝闻，常语其妇曰："汝事吾母小不谨，必逐汝！"继母少寡而无子，由是安其室终身。曰台亨者，善画，朝廷修景灵宫，调天下画工诣京师，事毕，诏选试其优者，留翰林授官禄，亨名第一。以父老固辞，归养于田里。

南公所书皆建昌南城人。曰陈策，尝买骡，得不可被鞍者，不忍移之他人，命养于野庐，俟其自毙。其子与猾驵计，因经过官人丧马，即磨破骡背，以衒贾之。既售矣，策闻，自追及，告以不堪。官人疑策爱也，秘之。策请试以鞍，亢亢终日不得被，始谢还焉。有人从策买银器若罗绮者，策不与罗绮。其人曰："向见君帑有之，今何靳？"策曰："然，有质钱而没者，岁月已久，丝力糜脆不任用，闻公欲以嫁女，安可以此物病公哉！"取所当与银器投炽炭中，曰："吾恐受质人或得银之非真者，故为公验之。"

曰危整者，买鲍鱼，其驵舞秤权阴厚整。鱼人去，身留整傍，请曰："公买止五斤，已为公密倍入之，愿畀我酒。"整大惊，追鱼人数里返之，酬以直。又饮驵醇酒，曰："汝所欲，酒而已，何欺寒人为？"

曰曾叔卿者，买陶器欲转易于北方，而不果行。有人从之并售者，叔卿与之，已纳价，犹问曰："今以是何之？"其人对："欲效公前谋耳。"叔卿曰："不可，吾缘北方新有灾荒，是故不以行，今岂宜不告以误君乎？"遂不复售。而叔卿家苦贫，妻子饥寒不恤也。

呜呼，此八人者贤乎哉！

【译文】

司马光著的《序赙礼》中，写民间有善行的五人，吕南公著的《不欺述》，写了三人，都是卑微人物，因而史家没有将其载入史籍。近来我在撰写国史时，想把他们续在孝行传后，但没有成功。现将八人事迹记载于此。

司马光所写的五人都是陕西夏县人。一是刘太。他是个医生，为父母守丧，三年不饮酒食肉，司马光以为当今的士大夫是做不到的。刘太弟弟刘永一，尤以孝顺、友爱、洁身谨慎著称。夏县遭遇水灾，老百姓溺死者数以百计，刘永一拿根竹竿站在门口，他人财物漂流到门前的，就用竹竿推出去。有一个僧人寄钱数万在他家中，而僧人又不幸死在他家，刘永一跑到县里陈说，请县里允许将僧人的钱归还给僧人的弟子。乡里人借了他的钱，贫穷而偿还不起的，他就把债券烧了。三是周文粲。他哥哥特别喜欢饮酒，依靠他生活。哥哥醉酒时，往往对弟弟进行毒打，邻里乡亲深感不平，安慰文粲，文粲很恼火，说："我兄弟没打过我，你们为何要离间我们兄弟？"四是苏庆文。服侍继母，以孝顺闻名。经常对他老婆说："你如果侍奉母亲稍有不慎，我一定会把你赶走！"继母年少守寡无亲子，但一直没有改嫁，与苏庆文住在一起，直到终老。五是台亨。善画画，当时朝廷修建景灵宫，征调天下画工集中京师，事完后，下诏选拔画画最好的留在翰林院做事，并享受官禄。台亨画名第一，由于父亲年老，无人奉养而辞谢这一美职，回到家乡，侍养双亲。

吕南公所写的都是建昌南城人。一是陈策，他曾经买了一匹骡子，但无法上鞍，自然不可骑人，亦不能驮运货物。陈策不忍心再卖给别人，就叫人在村外小屋进行喂养，让它老死。陈策儿子与经纪人合谋，趁从这里经过的公差丧马，他们将骡背磨破，大肆夸耀骡子，并将骡子卖给公差。陈策知道后，赶忙追上买骡人，告知实情。公差怀疑陈策爱骡，不愿意出卖，于是把骡藏起来。陈策要他试试上鞍，折腾了一整天，也未能上着鞍，这才致谢他，并退还骡子。有人要向陈策购买银器或者罗绮，陈策不给罗绮。来人说："我刚才见你有罗绮，为什么舍不得？”陈策解释说：“是的，我确实有罗绮，但它是作为抵押品过来的，而且时间已久，丝力老化，恐怕容易脆断，听说您买这些东西是为女儿作嫁妆，我怎么能用这些劣质罗绮来害你呢？”陈策取卖给来人的银器投入炭火中，说：“我担心受抵押人的欺骗，银器有假，因而为您检验一下。”

二是危整。他去买鲍鱼，经纪人舞弄着秤锤，悄悄多给了危整一些，待卖鱼人走后，经纪人不走，对危整说：“你只买五斤鱼，我暗地里给你称了十斤，你应当请我喝酒。”危整大吃一惊，忙去追赶卖鱼人，追了数里才赶上，并将多称鱼的钱给了卖鱼人。他又请经纪人喝酒，说：“你的欲望，不过是喝酒而已，你何必欺负卖鱼的贫苦人呢？”

三是曾叔卿。他去南方买回陶器，打算再转卖到北方，但没有成功起程。原跟从他一起做陶器生意的人，希望将他的陶器买下，已议定并交纳货款，叔卿问道：“你准备将陶器运到哪里去卖？”那人说：“打算按你原来的想法去做。”叔卿说：“不行，我是因为北方最近遭了灾，所以没有去，我怎么能不将事情告诉你，让你吃亏呢？”于是没将陶器卖给他。而叔卿家中贫穷，妻子和孩子不免饥寒。

唉，这八个人可真是贤人啊！

王导小名

颜鲁公书远祖《西平靖侯颜含碑》，晋李阐之文也。云：“含为光禄大夫，冯怀欲为王导降礼，君不从，曰：‘王公虽重，故是吾家阿龙。’君是王亲丈人，故呼王小字。”《晋书》亦载此事，而不书小字。《世说》：“王丞相拜司空，桓廷尉叹曰：‘人言阿龙超，阿龙故自超。’”呼三公小字，晋人浮虚之习如此。

【译文】

颜真卿书写了晋朝人李阐为其远祖颜含所作的《西平靖侯颜含碑》。碑文写道：“含为光禄大夫，太常冯怀希望百官对王导施礼，颜含坚持不从，并说：‘王导地位虽贵重，但他终究是我们家的阿龙。’颜含是王导的岳丈，所以叫王导的小名。”《晋书》记载了这件事，但没有提及王导的小名。《世说新语》载：“王导由丞相授司空，时任廷尉的桓温感叹说：‘人们都说阿龙升官快，阿龙是靠自己的本事升官的。’”直呼三公的小名，这是晋人的浮虚习俗造成的。

佐命元臣

盛王创业，必有同德之英辅，成垂世久长之计，不如是，不足以为一代宗臣。伊尹、周公之事见于《诗》、《书》，可考也。汉萧何佐高祖，其始入关，即收秦丞相御史律令图书，以周知天下厄塞，户口多少，强弱处，民所疾苦。高祖失职为汉王，欲攻项羽，周勃、灌婴、樊哙皆劝之，何独曰："今众弗如，百战百败，愿王王汉中，收用巴蜀，然后还定三秦。"王用其言。此刘氏兴亡至计也。进韩信为大将，使当一面，定魏、赵、燕、齐，高祖得颛心与楚角，无北顾忧；且死，引曹参代己，而画一之法成；约三章以蠲秦暴，拊百姓以申汉德。四百年基业，此焉肇之。

唐房玄龄佐太宗，初在秦府，已独收人物致幕下，与诸将密相申结，引杜如晦与参筹帷。及为宰相，粲然兴起治功，以州县成天下之治，以租庸调天下之财，以八百府、十六卫本天下之兵，以谏争付王、魏，以兵事付靖、勣，御夷狄有道，用贤才有术。三百年基业，此焉肇之。其后制节度使而州县之治坏，更二税法而租庸之理坏，变府兵为彍骑、诸卫为神策而军政坏，虽有名臣良辅，不能救也。

赵韩王佐艺祖，监方镇之势，削支郡以损其强，置转运、通判使掌钱谷以夺其富，参命京官知州事以分其党，禄诸大功臣于环卫而不付以兵，收天下骁锐于殿岩而不使外重。建法立制，审官用人，一切施为至于今是赖。

此三君子之后，代天理物，硕大光明者，世有其人，所谓一时之相尔。萧之孙有罪及无子，凡六绝国，汉辄绍封之。国朝褒录韩王苗裔，未尝或忘。唯房公之亡未十年，以其子故，夺袭爵、停配享，讫唐之世不复续，唐家亦少恩哉！

【译文】

英明睿智的帝王创立基业，必须有同心同德和杰出才能的人辅佐，制定长治久安之计，否则就不能成为一代名臣。伊尹、周公的事迹见之于《诗经》、《尚书》，可以考证。汉初，萧何辅佐高祖，刚入关中，萧何就把秦朝丞相府、御史府的律令图书收藏好，仔细研究，因此知道全国的地理要塞、户口多少、强弱贫富、百姓疾苦等情况。汉高祖被封为汉王，认为分封不均，想进攻项羽，周勃、灌婴、樊哙等都支持高祖，萧何独有自己的见解，他说："现在军队不如项羽，已经是百战百败，希望大王先称王关中，夺取巴蜀之地，然后收复三秦。"汉王采纳了他的话，这可是关系到刘邦兴亡的大计。萧何又推荐韩信为大将，使韩信独当一面，平定了魏、赵、燕、齐等国的故地。这样汉高祖得以专心对付项羽，无北顾之忧。萧何临死之际，推举曹参代他为相，使汉初制定的政策稳固地执行下去。萧何与刘邦入关时，与百姓约法三章，免除秦朝的暴政，收揽百姓之心，申明汉王美德。汉朝四百年基业，就此而开辟。

唐代房玄龄辅佐唐太宗，在太宗为秦王时，房玄龄就开始为太宗收揽各种人物，使当时的秦王府人才济济。房玄龄还与各路将军暗中结交，引荐杜如晦参与军国谋议。到他担任宰相，又把国家治理得井井有条。他把州县的治理作为达到天下大治的关键；以租、庸制度调集天下财物；以八百府、十六卫的府兵制度作为国家的基本军制；他把谏诤的任务交给王珪与魏征；把带兵打仗的任务交给李靖、李勣。他统御少数民族很有策略，任用贤才很有办法。唐王朝三百年基业，实由房玄龄而开辟。后来唐朝设置节度使，使州县的治理受到损坏，改成了二税法而使租、庸制度遭到破坏，让府兵成为彍骑，诸卫成为神策，破坏了军队管理，即使是有名的、优秀的大臣也不能挽救这样的情况。

宋代韩王赵普辅佐宋太祖。为了控制方镇，削减方镇的地盘以减弱其势力，设置转运使、通判使掌管地方钱谷以剥夺其财富，又任命京官为地方的知州、知县，使地方官不能结党营私，对于立有大功的将军给以厚禄，但不让其掌握实际兵权，把精锐之师集中到京城，不使地方拥兵自重。其他如建立法制，量官用人，一切措施直到今天仍在发生作用。

上述三位名臣以后，以天下为己任、正大光明的人代代都有，这就是所谓一时之良相。萧何的孙子有罪，无子，传六代后封国灭绝，但后来汉王朝又恢复了萧何后代的封爵。我宋朝褒奖登录韩王赵普的后代，不曾忘却。唯房玄龄死后不到十年，以其儿子的缘故，封爵被剥夺，停止配享宗庙，直至唐朝灭亡都没续封，唐王朝是不是太缺少恩惠了！

名世英宰

曹参为相国，日夜饮醇酒不事事，而画一之歌兴。王导辅佐三世，无日用之益，而岁计有馀，末年略不复省事，自叹曰："人言我愦愦，后人当思我愦愦。"谢安石不存小察，经远无竞。唐之房、杜，传无可载之功。赵韩王得士大夫所投利害文字，皆置二大瓮，满则焚之。李文靖以中外所陈一切报罢，云："以此报国。"此六七君子，盖非扬己取名，了然使户晓者，真名世英宰也！岂曰不事事哉？

【译文】

汉曹参担任宰相，日夜饮醇酒，无所事事，而国家治理有序，称颂他的歌谣在民间广为传唱。东晋王导辅佐三个皇帝，虽然不见明显的治绩，但国家岁计有余。他晚年不大关心国事，自己感叹说："人们都说我糊涂，后人应当会思念我的这种糊涂。"谢安不注意小事，但深谋远虑无人敢比。唐代的房玄龄、杜如晦，在他们的传里并未记载什么功劳。宋韩王赵普凡是收到士大夫议论是非利害的文书，将其投入两个大瓮中，放满了就烧掉。李文靖把朝廷内外上奏陈述的事情批示结束后说："以此报答国家。"上述六七位名臣，并非宣扬自己，获取名声，然而他们被家喻户晓，因为他们是当世的英明宰相！难道他们真是无所事事吗？

诸葛公

诸葛孔明千载人，其用兵行师，皆本于仁义节制，自三代以降，未之有也。盖其操心制行，一出于诚。生于乱世，躬耕陇亩，使无徐庶之一言，玄德之三顾，则苟全性命，不求闻达必矣。其始见玄德，论曹操不可与争锋，孙氏可与为援而不可图，唯荆、益可以取，言如蓍龟，终身不易。二十馀年之间，君信之，士大夫仰之，夷夏服之，敌人畏之。上有以取信于主，故玄德临终，至云“嗣子不才，君可自取”；后主虽庸懦无立，亦举国听之而不疑。下有以见信于人，故废廖立而立垂泣，废李严而严致死。后主左右奸辟侧佞，充塞于中，而无一人有心害疾者。魏尽据中州，乘操、丕积威之后，猛士如林，不敢西向发一矢以临蜀，而公六出征之，使魏畏蜀如虎。司马懿案行其营垒处所，叹为天下奇才。钟会伐蜀，使人至汉川祭其庙，禁军士不得近墓樵采，是岂智力策虑所能致哉？魏延每随公出，辄欲请兵万人，与公异道会于潼关，公制而不许，又欲请兵五千，循秦岭而东，直取长安，以为一举而咸阳以西可定。史臣谓公以为危计不用，是不然。公真所谓义兵不用诈谋奇计，方以数十万之众，据正道而临有罪，建旗鸣鼓，直指魏都，固将飞书告之，择日合战，岂复翳行窃步，事一旦之谲以规咸阳哉！司马懿年长于公四岁，懿存而公死，才五十四耳，天不祚汉，非人力也。“霸气西南歇，雄图历数屯。”杜诗尽之矣。

【译文】

诸葛孔明是千载伟人，他用兵行军，都按仁义道德的要求行事，这是自夏、商、周以来从未有过的。是因为他的思虑和行为，都出于一种忠诚之心。他生于乱世，亲自种田谋生，假使没有徐庶的推荐之言，没有刘玄德的三顾茅庐，他必然是保全性命，不求闻达，老死于襄阳隆中了。他第一次与刘玄德相见，就提出曹操强盛，不可与他较量高低，孙权可以结为盟友但不可图谋他，只有荆州、益州可以夺取。他的话如同占卜一样准确，一生都不可改易。二十余年中，君主信任他，士大夫仰慕他，少数民族信服他，敌人畏惧他。对上，他取得君主的信任，故刘玄德临终之际，甚至说出了“我的儿子若不才，您可以自己做皇帝”的话。后主刘禅虽然平庸怯懦无立国之才，但后主把整个国家交给他掌管，并不加怀疑。对下，他的公正取得了部下的高度信赖。在生时他废除了长水校尉廖立和骠骑将军李严的官职，但他死后，廖立痛哭不已，李严忧愁死去。后主左右奸佞之臣充塞宫中，但没有一个人存有暗害诸葛孔明之心的。当时曹魏尽占中州之地，并依靠曹操、曹丕的余威，猛将如林，但不敢向西方的蜀国射一支箭，相反，诸葛孔明六出祁山伐魏，使魏国畏蜀如虎。后司马懿巡视诸葛孔明行营扎寨的地方，感叹他确实是天下奇才。钟会伐蜀，特别派人到汉川祭祀诸葛孔明庙，严禁军士到诸葛孔明坟墓旁边砍柴，这难道是高超的智力和谋略所获得的尊敬吗？魏延每次跟随诸葛公出兵，都请求领兵万人，从暗道出奇兵，与诸葛公会师潼关，诸葛公制止他，不允许这样做。魏延又请求领兵五千，沿着秦岭往东，直取长安，认为一举可以把咸阳以西之地平定，史家认为诸葛公视魏延之议乃危险之计而不采用。其实不然，诸葛公认为正义之师不能使用诈谋奇计，他要率领数十万大军，从正道去讨伐敌人。他举起大旗，高鸣战鼓，直指魏国都城。他本来要送战书给魏，选择日期交战，怎么能隐蔽行动，以谲诈之计图谋咸阳呢？司马懿年长诸葛公四岁，但懿在而公死，年仅五十四岁。上天不保佑汉室，这不是人力所能挽回。“霸气西南歇，雄图历数屯。”杜甫诗已将这层意思概括尽了。

陶渊明

陶渊明高简闲靖，为晋、宋第一辈人。语其饥则箪瓢屡空，瓶无储粟；其寒则短褐穿结，絺绤冬陈；其居则环堵萧然，风日不蔽。穷困之状，可谓至矣。读其《与子俨等疏》云："恨室无莱妇，抱兹苦心。汝等虽不同生，当思四海皆兄弟之义，管仲、鲍叔，分财无猜，他人尚尔，况同父之人哉！"然则犹有庶子也。《责子》诗云："雍、端年十三。"此两人必异母尔。渊明在彭泽，悉令公田种秫，曰："吾常得醉于酒足矣。"妻子固请种秔，乃使二顷五十亩种秫，五十亩种秔。其自叙亦云："公田之利，足以为酒，故便求之。"犹望一稔而逝，然仲秋至冬，在官八十馀日，即自免去职。所谓秫秔，盖未尝得颗粒到口也，悲夫！

【译文】

陶渊明高洁、闲静、淡远，是晋宋时期的第一流人物。谈到饥饿，他是饭瓢常空，家无存粮；说到寒冷，他是粗布短衣，破烂补缀，冬天还穿着夏天的葛衣，没有替换的衣裳；他的住房是四壁空空，难以遮蔽寒风和太阳。穷困之状，可以说到了极点。但读他的《与子俨等疏》，其中写道："恨家中没有楚国老莱子之妻那样的贤妇来开导我，我只有自己怀抱一片苦心了。你们虽然不是一母所生，但应当思考四海皆兄弟这句话的含义，历史上的管仲、鲍叔二人是朋友，分财时互不猜忌，外人尚可以这样，何况你们还是同父之兄弟呢！"那么，陶渊明还是有妾并生有庶子。他的《责子》诗说："雍、端两人年龄都是十三。"这两人必然是异母兄弟。陶渊明在彭泽做县令时，下令公田全部种高粱酿酒，并说："我只要经常醉在酒乡就足够了。"他的妻子和儿子坚持要求种粳稻，他只好让其中的二顷五十亩种高粱，五十亩种粳稻。他在自叙中说："公田的收成，足够喝酒，所以就要求做了彭泽的县令。"他本打算等庄稼收获了就辞职，但从仲秋到冬天，当官仅八十天，就自动免职。所谓高粱、粳稻，他一粒也没到嘴，可悲啊！

东晋将相

西晋南渡，国势至弱，元帝为中兴主，已有雄武不足之讥，馀皆童幼相承，无足称算。然其享国百年，五胡云扰，竟不能窥江、汉，苻坚以百万之众，至于送死淝水，后以强臣擅政，鼎命乃移，其于江左之势，固自若也，是果何术哉？尝考之矣：以国事付一相，而不贰其任，以外寄付方伯，而不轻其权，文武二柄，既得其道，馀皆可概见矣。百年之间，会稽王昱、道子、元显以宗室，王敦、二桓以逆取，姑置勿言，卞壶、陆玩、郗鉴、陆晔、王彪之、坦之不任事，其真托国者，王导、庾亮、何充、庾冰、蔡谟、殷浩、谢安、刘裕八人而已。方伯之任，莫重于荆、徐，荆州为国西门，刺史常都督七八州事，力雄强，分天下半，自渡江讫于太元，八十馀年，荷阃寄者，王敦、陶侃、庾氏之亮、翼，桓氏之温、豁、冲、石民八人而已，非终于其军不辄易，将士服习于下，敌人畏敬于外，非忽去忽来，兵不适将，将不适兵之比也。顷尝为主上论此，蒙欣然领纳，特时有不同，不能行尔。

【译文】

晋室南渡之后，国势十分衰弱，晋元帝作为中兴之主，已有雄武不足的议论，其他皇室，大多是童年甚至幼年时继承帝位，更不值一提。然而东晋享国百年之久，当五胡在北方频频南侵，骚扰半个中国时，他们不敢窥视江汉地区。苻坚率领军队百万，竟在淝水被打得大败而逃。东晋后来由于强臣专权，皇位才被转移至他人。但南方江山长期安然自若，究竟是什么原因呢？我的考察是：把国家的大政交给一个宰相，而不使他人分宰相之权；把外面的军事大权托付给镇守一方的大将，不使他有名无实。这样文武两方面的权柄，都能得到妥善的处置，其他方面的问题就可想而知了。东晋百年之中，会稽王司马昱、司马道子、司马元显是以宗室执政乱国，王敦、桓温、桓玄以悖逆掌权，姑且置之不论，卞壶、陆玩、郗鉴、陆晔、王彪之、王坦之为官不做事，其真正可以托付国事的是王导、庾亮、何充、庾冰、蔡谟、殷浩、谢安、刘裕八人而已。地方牧守的委任，没有比荆州、徐州更重要的了。荆州是国家的西边门户，荆州的刺史经常都督七八州军事，实力雄厚强大，占去了国家一半势力。自晋元帝渡江到晋武帝太元年间，八十余年，在荆州担任统兵将帅的是王敦、陶侃、庾亮、庾翼、桓温、桓豁、桓冲、桓石民八人而已，统兵将帅除非死于军中，则不轻易改授。统帅下面的将士熟悉服从他，外面的敌人敬重畏惧他，那种忽去忽来、士兵不适应将军、将军不适应士兵的情况是不能与之相比的。最近我曾经对皇帝谈论这个问题，虽然皇帝很感兴趣，只是由于时代不同，不能实行罢了。

人物以义为名

人物以义为名者，其别最多。仗正道曰义，义师、义战是也。众所尊戴者曰义，义帝是也。与众共之曰义，义仓、义社、义田、义学、义役、义井之类是也。至行过人曰义，义士、义侠、义姑、义夫、义妇之类是也。自外入而非正者曰义，义父、义儿、义兄弟、义服之类是也。衣裳器物亦然。在首曰义髻，在衣曰义襕、义领，合中小合曰义子之类是也。合众物为之，则有义浆、义墨、义酒。禽畜之贤，则有义犬、义乌、义鹰、义鹘。

【译文】

人与物以义为名称的特别多。依仗正道叫义，如义师、义战。大众所尊敬拥戴的人也叫义，如义帝。大家共同享有的东西也叫义，如义仓、义社、义田、义学、义役、义井之类。超过常人的行为也叫义，如义士、义侠、义姑、义夫、义妇之类。外来而不正统的也叫义，如义父、义儿、义兄弟、义服之类。衣裳器物也是如此，在头上的叫义髻，在衣服上的叫义襕、义领，盒子中有小盒子叫义子之类。把多类物品相混合，则有义浆、义墨、义酒。禽畜中有灵气的则叫义犬、义乌、义鹰、义鹘。

韩文公佚事

韩文公自御史贬阳山，新旧二《唐书》皆以为坐论宫市事。按公《赴江陵途中》诗，自叙此事甚详，云："是年京师旱，田亩少所收。有司恤经费，未免烦诛求。传闻闾里间，赤子弃渠沟。我时出衢路，饿者何其稠！适会除御史，诚当得言秋。拜疏移阁门，为忠宁自谋。上陈人疾苦，无令绝其喉。下言畿甸内，根本理宜优。积雪验丰熟，幸宽待蚕辫。天子恻然感，司空叹绸缪。谓言即施设，乃反迁炎洲！"皇甫湜作公神道碑云："关中旱饥，人死相枕藉。吏刻取恩，先生列言天下根本，民急如是，请宽民徭而免田租，专政者恶之，遂贬。"然则不因论宫市明甚。碑又书三事云："公为河南令，魏、郓、幽、镇各为留邸，贮潜卒以橐罪亡，公将擿其禁，断民署吏，俟旦发，留守尹大恐，遽止之，是后郓邸果谋反，将屠东都，以应淮、蔡。及从讨元济，请于裴度，须精兵千人，间道以入，必擒贼。未及行，李愬自文城夜入，得元济。三军之士，为公恨。复谓度曰：'今借声势，王承宗可以辞取，不烦兵矣。'得柏耆，口授其词，使耆执笔书之，持以入镇州，承宗遂割德、棣二州以献。"李翱作公行状，所载略同。而《唐书》并逸其事，且以镇州之功，专归柏耆，岂非未尝见湜文集乎？《资治通鉴》亦仅言耆以策干愈，愈为白度，为书遣之耳。

【译文】

韩愈从御史贬到阳山，新旧《唐书》都以为是韩愈因谏止宫市的事情受惩罚。按：他自己所作的《赴江陵途中》诗，对此事的叙说极为详细。他说："是年京师旱，田亩少所收。有司恤经费，未免烦诛求。传闻闾里间，赤子弃渠沟。我时出衢路，饿者何其稠！适会除御史，诚当得言秋。拜疏移閤门，为忠宁自谋。上陈人疾苦，无令绝其喉。下言畿甸内，根本理宜优。积雪验丰熟，幸宽待蚕麰。天子恻然感，司空叹绸缪。谓言即施设，乃反迁炎洲！"皇甫湜为他作的神道碑写道："关中遭遇大旱，人民饥饿，死者遍地，官吏盘剥百姓以求皇帝恩宠，先生列举治理天下的根本，百姓遭灾如此严重，请求放宽徭役，免除田租。当政者憎恨他，便将他贬谪出朝廷。"从这里可知，韩愈被贬并不是由于宫市的原因。神道碑还写了三件事说："韩公为河南令时，魏州、郓州、幽州、镇州四个藩镇各在洛阳设留守藩邸，暗中蓄养兵卒并窝藏逃犯。韩公准备揭发他们的违法行为，布置人员，封锁其邸，一到天明就公布他们的罪行。四镇留守官员十分害怕，马上停止了所有违法活动。这件事后郓城留邸果然谋反，还妄图血洗东都，以响应淮州、蔡州的叛乱。等到韩公跟从裴度讨伐吴元济时，他曾建议裴度派精兵千人，从小路进入蔡州，必然擒贼。未及实行，李愬已自文城提兵雪夜进入蔡州城，活捉了吴元济。三军人士都为韩公感到遗憾。韩公又对裴度说：'凭借战胜的声势，镇州的王承宗可以通过利害说服，不必动用军队。'于是找到了善言辞的柏耆，亲自口授了对王承宗的信，并要柏耆用笔记下，拿着信进入镇州。王承宗遂割德、棣二州献给唐中央。"李翱所作韩公的行状，与此记载大致相同。而新旧《唐书》均未记载其事，并且把镇州献地之功劳全记在柏耆身上，是不是没看皇甫湜的文集呢？《资治通鉴》也仅仅说柏耆以计策见韩愈，韩愈为他告诉了裴度，并写了封信给柏耆带到镇州去了。

尺棰取半

《庄子》载惠子之语曰："一尺之棰，日取其半，万世不竭。"虽为寓言，然此理固具。盖但取其半，正碎为微尘，馀半犹存，虽至于无穷可也。特所谓卵有毛、鸡三足、犬可以为羊、马有卵、火不热、龟长于蛇、飞鸟之景未尝动，如是之类，非词说所能了也。

【译文】

《庄子》中记载惠子的话说："一尺长的木棒，每天截去一半，千秋万代也截不完。"这虽然是寓言，但道理是客观存在的。每次只截去一半，就是成了微尘，另外一半还是存在的，因而也是无穷尽的。这就是所谓蛋生毛、鸡长三只脚、狗可以变成羊、马生蛋、火不热、乌龟比蛇长、飞鸟的影子没有动，如此之类，不是用言辞能够说明白的。

汉文失材

汉文帝见李广曰："惜广不逢时，令当高祖世，万户侯岂足道哉！"贾山上书言治乱之道，借秦为喻，其言忠正明白，不下贾谊，曾不得一官，史臣犹赞美文帝，以为山言多激切，终不加罚，所以广谏争之路。观此二事，失材多矣。吴、楚反时，李广以都尉战昌邑下，显名，以梁王授广将军印，故赏不行。武帝时，五为将军击匈奴，无尺寸功，至不得其死。三朝不遇，命也夫！

【译文】

汉文帝召见李广说："可惜你生不逢时，如果生在高祖时期，封个万户侯又算什么呢！"贾山上书谈论治国的方法，借用秦朝的事打比方，他的言论忠烈正直，明了事理，不亚于贾谊，但没有得到一官半职。史学家还要赞美文帝，说贾山言辞如此激烈，文帝没有惩罚他，是因为文帝要广开言路的缘故。考察这两件事，汉文帝太埋没人才了。吴国、楚国反叛时，李广以都尉的身份与吴、楚军战于昌邑，因而名声显赫，但因梁王曾授给李广将军印绶，因此没有得到奖赏。汉武帝时，他五次作为将军攻打匈奴，但没有获得尺寸之功，最后自杀而亡。李广经历文帝、景帝、武帝三朝，却没有得到知遇之礼，这真是命啊！

刘歆不孝

事亲孝，故忠可移于君，是以求忠臣必于孝子之门。刘歆事父，虽不载不孝之迹，然其议论每与向异同。故向拳拳于国家，欲抑王氏以崇刘氏，而歆乃力赞王莽，倡其凶逆，至为之国师公，又改名秀以应图谶，竟亦不免为莽所诛，子棻、女愔皆以戮死。使天道每如是，不善者其知惧乎！

【译文】

事奉父母孝顺，必然对君主忠诚，所以求忠臣必须到孝子家庭寻找。刘歆对他父亲刘向，虽然没有记载他的不孝行为，但他的议论经常与他父亲相左。因此刘向对国家忠心耿耿，一心要抑制外戚王氏而尊重刘氏。刘歆却极力称赞王莽，附和王莽的凶逆，以至担任王莽的国师公，甚至为了适应图谶的预兆而改名为刘秀。最后不可避免地被王莽诛杀，他的儿子刘棻，他的女儿刘愔，都被杀戮。假使天道都能这样惩恶扬善，为恶的人恐怕要知道畏惧了吧！

汉法恶诞谩

李广以私忿杀霸陵尉，上书自陈谢罪。武帝报之曰："报忿除害，朕之所图于将军也。若乃免冠徒跣，稽颡请罪，岂朕之指哉！"张敞杀絮舜，上书曰："臣待罪京兆，絮舜本臣素所厚吏，以臣有章劾当免，受记考事，谓臣'五日京兆'，背恩忘义，臣窃以舜无状，枉法以诛之。臣贼杀不辜，鞫狱故不直，死无所恨。"宣帝引拜为刺史。

汉世法令，最恶诞谩罔上。广、敞虽妄杀人，一语陈情，则赦之不问，所以开臣下不敢为欺之路也。武帝待张汤非不厚，及问鲁谒居事，谓其怀诈面欺，杀之不贷，真得御臣之法。

【译文】

李广因个人怨恨杀了霸陵尉，上书皇帝，自请受罚。汉武帝回答他说:“报复恩怨,除掉祸害,这正是我对将军的期望。至于免冠赤脚,叩头请罪,难道是我的意图吗!”张敞杀了絮舜,上书说:“我担任京兆尹,絮舜本是我一贯看重的小吏。当有人上奏弹劾我,我将被免职接受审查时,絮舜说我是‘只能当五天的京兆尹’,对我傲慢无礼,忘恩负义。我私下认为絮舜没有德操,因此违背法律将他杀了。我杀了没有审判定罪的人,执行法律不力,处我死刑并不感到遗憾。”汉宣帝则提拔张敞为刺史。

汉代法令,最忌恨虚诞欺诈蒙骗皇帝。李广、张敞虽然妄自杀人,但都把真实情况陈述清楚,则赦免不予追究,这开辟了臣下不敢欺君之路。汉武帝对张汤并不是不看重,当问到鲁谒居的事,认为他心怀欺诈之心,蒙骗君主,毫不宽恕地将他杀了,这真是掌握了控制和驾驭臣下的方法了。

朋友之义

朋友之义甚重。天下之达道五：君臣、父子、兄弟、夫妇而至朋友之交。故天子至于庶人，未有不须友以成者。“天下俗薄，而朋友道绝。”见于《诗》。“不信乎朋友，弗获乎上。”见于《中庸》、《孟子》。“朋友信之”，孔子之志也；“车马衣裘，与朋友共”，子路之志也；“与朋友交而信”，曾子之志也；《周礼》六行，五曰任，谓信于友也。汉、唐以来，犹有范张、陈雷、元白、刘柳之徒，始终相与，不以死生贵贱易其心。本朝百年间，此风尚存。呜呼，今亡矣！

【译文】

朋友的情义很重要。天下有五种最重要的伦理道德关系：君臣、父子、兄弟、夫妇、朋友之交。因此，从天子到庶民百姓，没有不需要朋友的。“天下习俗淡薄，而朋友关系断绝”，这话见于《诗经》；“不取信于朋友，不能获得君主的赏识”，这话见于《中庸》、《孟子》；“朋友信任自己”，这是孔子的志向；“车驾、马匹、衣裳、皮裘，跟朋友共享”，这是子路的志向；“跟朋友交往专一而且守信”，这是曾子的志向。《周礼》中有六种良好的品行，第五种是信任，指的是被朋友信任。汉、唐以来，还有范式和张劭、陈重和雷义、元稹和白居易、刘禹锡和柳宗元这些人，始终彼此相好，不因为生死贵贱改变心念。宋朝的前一百年中，此风犹存。不过现在丧失了，令人悲叹！

杨彪 陈群

魏文帝受禅，欲以杨彪为太尉，彪辞曰："彪备汉三公，耄年被病，岂可赞惟新之朝？"乃授光禄大夫。相国华歆以形色忤旨，徙为司徒而不进爵。帝久不怿，以问尚书令陈群曰："我应天受禅，相国及公独不怡，何也？"群对曰："臣与相国，曾臣汉朝，心虽悦喜，犹义形于色。"

夫曹氏篡汉，忠臣义士之所宜痛心疾首，纵力不能讨，忍复仕其朝为公卿乎？歆、群为一世之贤，所立不过如是。彪逊辞以免祸，亦不敢一言及曹氏之所以得。盖自党锢祸起，天下贤士大夫如李膺、范滂之徒，屠戮殆尽，故所存者如是而已。士风不竞，悲夫！章惇、蔡京为政，欲殄灭元祐善类，正士禁锢者三十年，以致靖康之祸，其不为歆、群者几希矣！

【译文】

魏文帝曹丕受禅称帝，想要杨彪当太尉，杨彪推辞说："我曾担任过东汉的三公，现在年老多病，怎么能对新的王朝有所裨益呢？"于是拜授他为光禄大夫。丞相华歆用不高兴的脸色消极违背了圣旨，调他担任司徒但不增加封爵。文帝很久都不开心，问尚书令陈群说："我奉天命立为皇帝，唯独相国华歆与您不高兴，这是为什么呢？”陈群回答说：“我与相国曾在东汉担任大臣，现在新朝建立，即使我们内心喜悦，在表面上也应该装作很不开心的样子来。”

曹氏篡夺汉朝政权，忠臣义士应该痛心疾首，即使无力讨伐，难道还忍心在他的新王朝里担任公卿吗？华歆、陈群为一代贤才，他们的立身之道也不过如此。杨彪谦恭地推辞以避免得罪曹氏，但不敢讲一句公道话来斥责曹氏之篡夺天下。大概是党锢之祸发生后，天下的贤士大夫如李膺、范滂之类被东汉政府屠杀殆尽，而幸存下来的人就是这个样子了。士人风气不振，可悲呀！章惇、蔡京当政，想要杀尽元祐时期的忠良之士，正义之臣被免官禁锢达三十年，因而导致靖康之祸，士人不像华歆、陈群的几乎没有了。

袁盎　温峤

赵谈常害袁盎，盎兄子种曰："君与斗，廷辱之，使其毁不用。"文帝出，谈参乘，盎前曰："天子所与共六尺舆者，皆天下豪英，陛下奈何与刀锯馀人载？"上笑下谈，谈泣下车。

温峤将去王敦，而惧钱凤为之奸谋，因敦饯别，峤起行酒，至凤，击凤帻坠，作色曰："钱凤何人，温太真行酒而敢不饮！"及发后，凤入说敦曰："峤与朝廷甚密，未必可信。"敦曰："太真昨醉，小加声色，岂得以此便相谗贰。"由是凤谋不行。二者之智如此。

【译文】

汉文帝时，宦官赵谈多次要加害袁盎，盎兄之子袁种说："您跟他斗，在朝廷上当众羞辱他，这样，即使他毁伤你，皇帝也不会相信了。"

文帝外出，赵谈陪坐于车上，袁盎跑上去说："与天子同坐六尺车舆的人，应该是天下的英雄豪杰，陛下为何与被阉割了的残废人同坐车中呢？"文帝大笑让赵谈下车，赵谈哭着下了车。

东晋温峤将离开王敦，担心钱凤有奸诈之谋加害自己。乘着王敦设宴送别时，温峤起来劝酒，走到钱凤跟前，将钱凤头巾打落，变了脸色说："你钱凤是什么东西，我温太真劝酒你敢不喝！"等温峤出发以后，钱凤跑到王敦处说："温峤同朝廷关系很亲密，不能轻信他。"王敦说："太真昨天醉了，对你做得有点过分，怎么能就凭这个事情说他的坏话制造分裂呢？"于是钱凤的计谋没能实行。二人智慧就是如此相似。

唐书判

唐铨选择人之法有四：一曰身，谓体貌丰伟；二曰言，言辞辩正；三曰书，楷法遒美；四曰判，文理优长。凡试判登科谓之入等，甚拙者谓之蓝缕，选未满而试文三篇谓之宏辞，试判三条谓之拔萃。中者即授官。既以书为艺，故唐人无不工楷法，以判为贵，故无不习熟。而判语必骈俪，今所传《龙筋凤髓判》及《白乐天集·甲乙判》是也。自朝廷至县邑，莫不皆然，非读书善文不可也。宰臣每启拟一事，亦必偶数十语，今郑畋敕语、堂判犹存。世俗喜道琐细遗事，参以滑稽，目为花判，其实乃如此，非若今人握笔据案，只署一字亦可。国初尚有唐馀波，久而革去之。但体貌丰伟，用以取人，未为至论。

【译文】

唐代选拔官吏的条件有四：一是身体相貌丰满魁伟；二是言辞标准，善于雄辩；三是楷书法式，遒劲刚美；四是判决案例，文辞优美通畅。凡是通过吏部考试的称之“入等”，考试特差的称为“蓝缕”，选拔的名额未满，对落第者再考试文章三篇谓之“宏辞”，考试判状三条谓之“拔萃”。考中者马上授官。既然以书法为考试内容，因而唐人没有不擅长书法的，既然以判状为重要，因此没有不学习熟练的。而判语必然是对偶整齐，现在流传的《龙筋凤髓判》以及《白乐天集·甲乙判》就是这类文章。从朝廷到县城，无一不是如此，不读书、不擅长文学就不行。宰辅大臣每逢报告或草拟上奏等事，也一定要用数十句对偶。现今保存下来的郑畋写的敕书、堂判，就是如此。唐代风俗喜欢谈论琐细的古代遗事，夹杂着诙谐的语言，称之为“花判”，那事实就是这样，不像今天人们握笔据案，只签一个字就可以了。宋朝之初还存有唐代的遗风，经久就不存在了。但用体貌伟岸来取用人才，不是好办法。

临敌易将

临敌易将，固兵家之所忌，然事当审其是非，当易而不易，亦非也。秦以白起易王龁而胜赵，以王翦易李信而灭楚，魏公子无忌易晋鄙而胜秦，将岂不可易乎？燕以骑劫易乐毅而败，赵以赵括易廉颇而败，以赵葱易李牧而灭，魏使人代信陵君将，亦灭，将岂可易乎？

【译文】

在战场上更换将领，本来是兵家的忌讳。然而对事情应当审视它的利与弊，应当换将而不换，也是不对的。秦国用白起代替王龁战胜了赵国，用王翦更换李信而消灭了楚国，魏公子无忌替换晋鄙战胜了秦国，将领难道不能更换吗？燕国用骑劫代替乐毅而遭受失败，赵国用赵括代替廉颇而战败，用赵葱代替李牧导致赵国灭亡，魏国派人代替信陵君为将，也遭到灭亡，将领难道可以更换吗？

汉二帝治盗

汉武帝末年，盗贼滋起，大群至数千人，小群以百数。上使使者衣绣衣，持节虎符，发兵以兴击，斩首大部或至万馀级。于是作“沈命法”，曰：“群盗起不发觉，觉而弗捕，满品者二千石以下至小吏主者皆死。”其后小吏畏诛，虽有盗，弗敢发，恐不能得，坐课累府。府亦使不言。故盗贼寖多，上下相为匿，以避文法焉。

光武时，群盗处处并起。遣使者下郡国，听群盗自相纠擿，五人共斩一人者除其罪。吏虽逗留回避故纵者，皆勿问，听以禽讨为效。其牧守令长坐界内有盗贼而不收捕者，及以畏愞捐城委守者，皆不以为负，但取获贼多少为殿最，唯蔽匿者乃罪之。于是更相追捕，贼并解散。此二事均为治盗，而武帝之严，不若光武之宽，其效可睹也。

【译文】

汉武帝末年，盗贼蜂起，大的匪群多达数千人，小的匪群也有几百人。皇帝派使者穿上绣衣，拿着符节凭证，派军队攻打。对大的匪群，有的斩首多达万余人，于是建立“沈命法”，规定：“成群的盗匪出现而没有发觉，发觉而没有按规定的要求予以捕获，二千石以下的官员及主持捕盗的下级官吏都处以死刑。”后来小官吏怕遭诛杀，虽然知道有盗贼，也不敢告发，担心告发后不能及时捕获，自己受到处罚也连累自己的上司，州府也不许他们上报。这样盗贼越来越多，而上上下下相互隐瞒，以便躲避法律条文的制裁。

光武帝时，成群的盗贼出没，他派遣使者到各州郡，听任盗贼们互相纠举揭发，五个盗贼共同斩杀一个盗贼的，免除这五个盗贼的罪。官吏虽然停留拖延、回避不前，甚至故意放纵盗贼，都不予追问，只以捉获讨伐的成效论处。州牧、郡守、县令对于本管辖区内有盗贼而没有收捕，以及因为害怕软弱丢弃城池和离开职守的人，都不看作过失，只根据捕获盗贼的多少来论功行赏，只有隐藏包庇盗贼的官吏才有罪。于是互相追捕，盗贼很快解体逃散。这两件事都是治理盗贼，而汉武帝的严酷不如汉光武帝的宽缓，其效果不同是很明显的。

汉诽谤法

汉宣帝诏群臣议武帝庙乐，夏侯胜曰：“武帝竭民财力，奢泰亡度，天下虚耗，百姓流离，赤地数千里，亡德泽于民，不宜为立庙乐。”于是丞相、御史劾奏胜非议诏书，毁先帝，不道，遂下狱，系再更冬，会赦，乃得免。章帝时，孔僖、崔骃游太学，相与论武帝始为天子，崇信圣道，及后恣己，忘其前善。为邻房生告其诽谤先帝，刺讥当世，下吏受讯。僖以书自讼，乃勿问。元帝时，贾捐之论珠崖事曰：“武帝籍兵厉马，攘服夷狄，天下断狱万数，寇贼并起，军旅数发，父战死于前，子斗伤于后，女子乘亭障，孤儿号于道，老母寡妇饮泣巷哭，是皆廓地泰大，征伐不休之故也。”考三人所指武帝之失，捐之言最切，而三帝或罪或否，岂非夏侯非议诏书，倍、驷诽谤，皆汉法所禁，如捐之直指其事，则在所不问乎？

【译文】

汉宣帝下令大臣们讨论汉武帝宗庙的祭乐。夏侯胜说："武帝耗竭百姓的财力，挥霍浪费没有节制，以致国家空虚，老百姓流离失所，土地荒芜数千里，对老百姓没有恩惠德泽，不应该为他设立庙乐。"于是丞相、御史大夫上奏弹劾夏侯胜，说他诋毁先帝，不守臣道，于是打入监狱。过了两年，遇到大赦，才得到赦免。汉章帝时，孔僖、崔骃在太学学习，互相议论汉武帝初为天子，崇信圣明之道，到后来，放纵自己，忘记了自己以前的善行。被隔壁房间的太学生告发，说他们诽谤先朝皇帝，讽刺讥诮当今时势，被交给狱吏，接受审讯。孔僖上书为自己辩护，才没有问罪。汉元帝时，贾捐之议论珠崖的事说："汉武帝登记兵器，养壮马匹，征服四边少数民族，天下判处的罪犯以万人计。盗贼蜂起，军队多次出征。父亲战死在前面，儿子战伤在后面。女子登上了边塞的堡垒，孤儿哭泣于道路之旁，老母寡妇在街巷中流泪。这都是过分扩大地盘、征战没有休止的缘故。"考察这三个人对汉武帝的指责，贾捐之的话最激烈，而三位皇帝则有的问罪，有的不问罪，难道夏侯胜非难了诏令，孔僖、崔骃诽谤了先朝皇帝，都是汉代法令所禁止的，而像贾捐之那样直接地指责其事，就在不问罪之列吗？

何进　高睿

东汉末，何进将诛宦官，白皇太后悉罢中常侍、小黄门，使还里舍。张让子妇，太后之妹也。让向子妇叩头曰："老臣得罪，当与新妇俱归私门，唯受恩累世，今当远离宫殿，愿复一入直，得暂奉望太后颜色，死不恨矣。"子妇为言之，乃诏诸常侍皆复入直。不数日，进乃为让所杀，董卓随以兵至，让等虽死，汉室亦亡。

北齐和士开在武成帝世，奸蠹败国。及后主嗣立，宰相高睿与娄定远白胡太后，出士开为兖州刺史。后欲留士开过百日，睿守之以死，苦言之。士开载美女珠帘赂定远曰："蒙王力，用为方伯，今当远出，愿得一辞觐二宫。"定远许之，士开由是得见太后及帝，进说曰："臣出之后，必有大变，今已得入，复何所虑。"于是出定远为青州而杀睿。后二年，士开虽死，齐室亦亡。

呜呼！奸佞之难去久矣！何进、高睿，不惜陨身破家，为汉、齐社稷计，而张让、士开以谈笑一言，变如反掌，忠良受祸，宗庙为墟。乃知背胁瘭疽，决之不可不速；虎狼在阱，养之则自贻害。可不戒哉！

【译文】

东汉末年，何进准备诛杀宦官，禀报皇太后，请求罢免所有的中常侍、小黄门，让他们回到私宅去。张让的儿媳，是太后的妹妹。张让向儿媳叩头说："老臣我获罪，应当跟儿媳妇一同回私宅去，只是我几代都享受到了皇恩，今天要远离宫殿，希望能再进宫服务一次，得以暂时侍奉太后，死无遗憾了啊！"儿媳为他转告太后，太后下诏所有常侍都入廷值日。没有几天，何进被张让所杀，而董卓亦随之进京，张让等宦官被杀了，而汉朝也覆灭了。

北齐的和士开在武成帝高湛时，奸邪腐败，祸害国家。等到后主继承其父的皇位后，宰相高睿与娄定远禀告胡太后，贬和士开为兖州刺史。太后想留士开再待一百天，高睿以死坚持，苦口相劝。和士开用车载着美女珠帘送给娄定远说："蒙您出力相助，我被任用为一方之长，现在该远行外任，希望能向二宫告辞。"娄定远同意了，和士开因此见到太后与后主。他进言说："我走之后，朝廷内必然发生大的变故，我既然已经入宫了，还有什么忧虑的呢？"于是把娄定远贬到青州任刺史，把高睿杀了。过了两年，和士开死了，齐朝也灭亡了。

哎呀！奸邪之人很难除掉，很久以来就是如此。何进、高睿不惜生命与家庭，为汉朝、齐朝的国运考虑，却被张让、和士开谈笑一言，轻而易举地改变过来了，忠良正直的人受到灾祸，宗庙变成了废墟。可知背上胁下的疮疽，割之不可不迅速；虎狼入了陷阱，养着它必然自身受到伤害。能够不引以为戒吗？

汉景帝忍杀

汉景帝恭俭爱民，上继文帝，故亦称为贤君。考其天资，则刻戾忍杀之人耳。自在东宫时，因博戏杀吴太子，以起老濞之怨。即位之后，不思罪己，一旦于三郡中而削其二，以速兵端。正信用晁错，付以国事，及爰盎之说行，但请斩错而已，帝令有司劾错以大逆，遂父母妻子同产皆弃市。七国之役，下诏以深入多杀为功，比三百石以上皆杀，无有所置，敢有议诏及不如诏者，皆要斩。周亚夫以功为丞相，坐争封匈奴降将事病免。心恶之，赐食不置箸，叱之使起，昧于敬礼大臣之义，卒以非罪置之死，悲哉！光武遣冯异征赤眉，敕之曰："征伐非必略地屠城，要在平定安集之耳。诸将非不健斗，然好虏掠。卿本能御吏士，念自修敕，无为郡县所苦。"光武此言，视景帝诏书，为不侔矣。

【译文】

汉景帝谦恭俭朴，爱护百姓，继承了汉文帝的开明之治，因此也被称为贤明君主。然而考察他的禀赋，原来是一个苛刻凶暴、残忍好杀的人。他还在东宫做太子时，因为赌博游戏而杀了吴国太子，因此引起吴王刘濞的怨恨。即位以后，不考虑责备自己，一天把三个郡国削减了两个，因此迅速点燃了战火。当时正相信任用晁错，将国家大事托付给他，到爰盎谗毁晁错的话一说，虽然只请求斩杀晁错一人，但汉景帝命令有关部门弹劾晁错以谋反大逆之罪，把晁错的父母、妻子、兄弟全部诛杀。在七国战争中，下命令以深入七国多杀人为功劳，三百石以上的官吏都要杀，不放过一人，谁敢对命令存有疑问以及不按命令行事的，处以腰斩之刑。周亚夫因为军功担任宰相，后因不同意给匈奴降将封爵与景帝发生争执，得罪了皇帝，以有病为由免了官。景帝很讨厌他，赐给他饮食却不给筷子，叱责他致使他站起来，不明了尊敬礼待大臣的大义，最后终于借口别的不存在的罪名将周亚夫杀了，令人悲痛！光武帝派遣冯异征讨赤眉军，训示他说："征战讨伐不一定非要掠夺土地屠杀人民，关键在于平定战乱安抚百姓。将领们并非不勇健善战，但也喜欢抢夺财物，杀掠人民。你本是一个能够统御将士官吏的人，望你好自为之，不要为地方郡县人民制造新的痛苦。"光武帝的这番话，与景帝诏书相比，无法相提并论啊！

燕昭汉光武之明

乐毅为燕破齐，或谗之昭王曰：“齐不下者两城耳，非其力不能拔，欲久仗兵威以服齐人，南面而王耳。”昭王斩言者，遣使立毅为齐王。毅惶恐不受，以死自誓。

冯异定关中，自以久在外，不自安。人有章言异威权至重，百姓归心，号为“咸阳王”，光武以章示异。异上书谢，诏报曰：“将军之于国家，恩犹父子，何嫌何疑，而有惧意？”及异破隗嚣，诸将欲分其功，玺书诮大司马以下，称异功若丘山。

今人咸知毅、异之为名将，然非二君之明，必困谗口矣。田单复齐国，信陵君败秦兵，陈汤诛郅支，卢植破黄巾，邓艾平蜀，王濬平吴，谢安却苻坚，慕容垂挫桓温，史万岁破突厥，李靖灭吐谷

浑，郭子仪、李光弼中兴唐室，李晟复京师，皆有大功于社稷，率为谮人所惎，或至杀身。区区庸主不足责，唐太宗亦未能免。营营青蝇，亦可畏哉！

【译文】

乐毅为燕国打败了齐国，有人向燕昭王进谗言说："齐国没有被攻下的城市只有两座了，不是乐毅的力量不能攻下来，而是他要依仗兵威，慑服齐人，好让自己在齐国称王。"昭王把进谗言的人杀了，派遣使者立乐毅为齐王。乐毅惊慌失措不肯接受，誓死不当齐王。

冯异平定关中，自己认为长久在外，心里总觉不安。有人上奏章说冯异威权太重，百姓的心也归附于他，称他为"咸阳王"，光武帝将奏章拿给冯异看。冯异上书谢罪，光武帝回答说："将军对于我来说，恩犹父子一般，何必有什么嫌疑呢？有什么可以恐惧的呢？"等到冯异打败隗嚣，诸将想分冯异的功劳，光武帝下诏谴责大司马以下的将领，称赞冯异的功劳如同山岳。

现在的人都知道乐毅、冯异为前代名将，但是如果不是两位君主的英明，二人必然为谗言所困扰。田单恢复齐国，信陵君打败秦国军队，陈汤诛灭匈奴郅支，卢植打败黄巾军，邓艾平定蜀国，西晋王濬平定吴国，谢安击退苻坚，慕容垂挫败桓温，史万岁打败突厥，李靖消灭吐谷浑，郭子仪、李光弼平定安史之乱而复兴唐室，李晟收复京师，都为国家建立了巨大的功劳，但都遭到诬陷者的忌恨，有的甚至被杀害。那些平庸昏虐的君主不值得指责，可是连唐太宗也不能免于听信谗言。盘旋嗡嗡叫的绿头苍蝇，令人生畏啊！

恭显议萧望之

弘恭、石显议置萧望之于牢狱，汉元帝知其不肯就吏，而讫可其奏，望之果自杀，帝召显等责问以议不详，皆免冠谢，乃已。王氏五侯奢僭，成帝内衔之，一旦赫怒，诏尚书奏诛薄昭故事，然特欲恐之，实无意诛也。窦宪恃宫掖声势，夺公主园，章帝切责，有孤雏腐鼠之比，然竟不绳其罪。三君之失政，前史固深讥之矣。司马公谓元帝始疑望之不肯就狱，恭、显以为必无忧，其欺既明，终不能治，可谓易欺而难寤也。予谓师傅大臣进退罪否，人主当决之于心，何为谋及宦者？且望之先时已尝下廷尉矣，使其甘于再辱，忍耻对吏，将遂以恭、显之议为是耶！望之死与不死，不必论也。成帝委政外家，先汉颠覆，章帝仁柔无断，后汉遂衰，皆无足责。

【译文】

弘恭、石显商议把萧望之投入监狱，汉元帝明明知道萧望之不堪狱吏的欺凌，却还是同意了弘恭的上奏。萧望之果然自杀了。元帝召见石显等人，责问他们考虑不周的过错，石显等人免冠请罪，竟然完事了。外戚王氏五个获侯爵的人骄奢僭越，成帝内心怀怨。有一天赫然发怒,命令尚书上奏,追究诛杀薄昭的往事,但他仅仅是恐吓一下他的舅舅们,实际上并不打算诛杀他们。东汉窦宪仗着自己的妹妹是汉章帝的皇后,夺取公主的园苑,章帝痛斥他,用孤雏腐鼠来比喻他,但最后没有对他绳之以法。三位君主的失政,以前的史学家已深深讥讽过了。司马光认为元帝开始怀疑萧望之不肯去监狱,而弘恭、石显认为一定没有忧虑,他们的欺罔既然已很明显了,但元帝始终没有追究他们,可以说汉元帝是好欺骗,但难醒悟啊!我认为太师、大臣的提拔、斥退、有罪无罪,做皇帝的应该决断于心中,何必与宦官商议呢?而且萧望之曾受过廷尉的审讯,假使他甘心接受污辱,忍着羞耻面对狱吏,这不是认为弘恭、石显的建议是正确的吗?萧望之的死与不死,不必谈论了。成帝把政事托付给外戚,致使汉朝覆亡;章帝仁厚、柔弱而少决断,导致东汉的衰微,都不值得责难。

曹操用人

曹操为汉鬼蜮，君子所不道，然知人善任使，实后世之所难及。荀彧、荀攸、郭嘉，皆腹心谋臣，共济大事，无待赞说。其馀智效一官，权分一郡，无小无大，卓然皆称其职。恐关中诸将为害，则属司隶校尉钟繇以西事，而马腾、韩遂遣子入侍。当天下乱离，诸军乏食，则以枣祇、任峻建立屯田，而军国饶裕，遂芟群雄。欲复盐官之利，则使卫觊镇抚关中，而诸将服。河东未定，以杜畿为太守，而卫固、范先束手禽戮。并州初平，以梁习为刺史，而边境肃清。扬州陷于孙权，独有九江一郡，付之刘馥而恩化大行。冯翊困于鄜盗，付之郑浑而民安寇灭。代郡三单于，恃力骄恣，裴潜单车之郡，而单于詟服。方得汉中，命杜袭督留事，而百姓自乐，出徙于洛、邺者，至八万口。方得马超之兵，闻当发徙，惊骇欲变，命赵俨为护军，而相率还降，致于东方者亦二万口。凡此十者，其为利岂不大哉！张辽走孙权于合肥，郭淮拒蜀军于阳平，徐晃却关羽于樊，皆以少制众，分方面忧。操无敌于建安之时，非幸也。

【译文】

曹操算是汉朝的阴险叛逆，是君子所不愿谈及的。然而他知人善任，实在是后代人难以达到的。荀彧、荀攸、郭嘉都是他的心腹谋臣，共同成就大事，无须称赞评说。至于其他的人，有智慧就授予一个官位，有权变就让他分掌一个郡，无论官职大小，都使他们卓然有成，十分称职。他担心关中诸将为祸，让司隶校尉钟繇负责西边的事务，结果关中将领马腾、韩遂把自己的儿子送到朝廷来作人质。当天下战乱，各地军队缺乏粮食时，则让枣祗、任峻建立屯田制度，结果军队与国家都很丰饶，凭此剪除了群雄。想恢复官营盐铁，以获取利益，就把卫觊派去镇抚关中，使将领心服。河东没有平定，就以杜畿为太守，结果河东的割据者卫固、范先束手就擒被杀。并州刚平定，以梁习为刺史，致使边境平静安泰。扬州被孙权攻陷，独存九江一郡，交付给刘馥管辖，结果恩德教化大行。冯翊被鄜州盗贼所困，就将冯翊交给郑浑去统辖，结果百姓安定，盗寇消灭。代郡有匈奴三位单于的军队，恃其势力，骄横恣肆，裴潜乘一辆车进入代郡，而使单于心中折服。刚取得汉中，就命令杜袭负责留守之事，结果从洛阳、邺地迁来的人口达八万多人。刚刚收编的马超的军队听说要将他们发配他地，惊恐之余，准备发动兵变，曹操命赵俨为护军，结果相继前往投降，迁到东部的就达二万余人。以上十件事，产生的好处难道不大吗？张辽在合肥把孙权赶跑，郭淮在阳平抵御蜀国的军队，徐晃在樊城阻挡关羽，都是以少数军队制服多数军队，缓解了一个方面的忧患。曹操在建安时期没有真正的敌手，不是侥幸的。

汉士择所从

汉自中平黄巾之乱，天下震扰，士大夫莫不择所从，以为全身远害之计，然非豪杰不能也。荀彧少时，以颍川四战之地，劝父老亟避之，乡人多怀土不能去。彧独率宗族往冀州，袁绍待以上宾之礼，彧度绍终不能定大业，去而从曹操。其乡人留者，多为贼所杀。

袁绍遣使迎汝南士大夫，和洽独往荆州，刘表以上客待之。洽曰："所以不从本初，避争地也。昏世之主，不可黩近，久而不去，谗慝将兴。"遂南之武陵，其留者多为表所害。

曹操牧兖州，陈留太守张邈与之亲友。郡士高柔独以为邈必乘间为变，率乡人欲避之，众皆以曹、张相亲，不然其言。柔举家适河北，邈果叛操。

郭嘉初见袁绍，谓其谋臣辛评等曰："智者审于量主，袁公多端寡要，好谋无决，难与共济大难，吾将更举以求主，子盍去乎？"评等曰："袁氏今最强，去将何之？"嘉不复言，遂去依曹操。操召见，与论天下事。出曰："真吾主也。"

杜袭、赵俨、繁钦避乱荆州，钦数见奇于表，袭曰："所以俱来者，欲全身以待时耳。子若见能不已，非吾徒也。"及天子都许，俨曰："曹镇东必能济华夏，吾知归矣。"遂诣操。

河间邢颙在无终，闻操定冀州，谓田畴曰："闻曹公法令严，民厌乱矣，乱极则平，请以身先。"遂装还乡里。畴曰："颙，天民之先觉者也。"

孙策定丹阳，吕范请暂领都督，策曰："子衡已有大众，岂宜复屈小职！"范曰："今舍本土而托将军者，欲济世务也，譬犹同舟涉海，一事不牢，即俱受其败，此亦范计，非但将军也。"策从之。周瑜闻策声问，便推结分好，及策卒权立，瑜谓权可与共成大业，遂委心服事焉。诸葛亮在襄阳，刘表不能起。一见刘备，事之不疑。此诸人识见如是，安得困于乱世哉！

【译文】

汉朝自灵帝中平年间爆发黄巾之乱，天下纷扰震惊，士大夫都在选择跟随的对象，以此作为保全自己、避免祸害的长远大计，但是如果本人不是真正的豪杰之士，是很难做到这一点的。荀彧年少时，认为颍川是个四面开阔易受攻击的地方，劝说父老乡亲赶快躲避迁移，但乡里人士大多怀恋故土不忍离去，荀彧独自率领他的宗族前往冀州。当时占据冀州的袁绍待他以上等宾客的礼遇，但荀彧思量袁绍此人终究不会成就大业，就离开袁绍去跟随曹操。他的家乡人留在颍川的，大多数被强盗乱军所杀。

袁绍派遣使者迎接汝南的士大夫，和洽独自去了荆州，刘表待以上等宾客之礼。和洽对人说："我所以不跟从袁本初，是要避开战争之地，昏世之主，不可过分接近，久留不走，谗言匿信就会兴起。"于是向南往武陵，那些留在荆州的人大多数被刘表杀害。

曹操担任兖州长官，陈留太守张邈与他亲密友善。郡中士人高柔却认为张邈必然会乘机反叛，打算带领家乡人躲避一下。众人都认为曹、张二人很亲密，不同意他的看法。高柔把全家都迁到河北，张邈果然反叛曹操。

郭嘉初次见袁绍，对袁绍的谋臣辛评等人说道："明智的人将会慎重地衡量他的主人，袁公头绪很多，但不得要领，好为谋略，但不果断，这样的人难以与他共济大难，我要再次行动，另找新主人，你们怎么不走呢？"辛评等人说："袁氏在当今天下是最强大的，离开他往哪里去呢？"郭嘉不再说话，离开袁绍，去依附曹操。曹操召见他，与他谈论天下大事。郭嘉出门后说："这才真正是我的主子。"

杜袭、赵俨、繁钦因躲避战乱到了荆州，繁钦在刘表面前多次显露奇才。杜袭说："我们所以一同来荆州，是想保全自己等待时机而已。你若卖弄表现才能，就不要同我们在一起。"到汉献帝立都许昌，赵俨说："曹操一定能够拯救华夏，我知道归顺谁了。"于是投奔曹操。

河间邢颙在无终，听说曹操平定了冀州，对田畴说："听说曹公法令严明，百姓已经厌恶战乱了，乱到极点就会平定，我请求先去投靠他。”于是收拾行装回到家乡。田畴说：“邢颙，是天下士人中的先觉者。”

孙策平定丹阳，吕范请求暂时让他兼任丹阳的都督。孙策说：“您已有了大批人马，哪能再让您屈任小职位呢？”吕范说：“我现在舍弃故土而投靠您的原因，是要拯济时世，譬如同坐一船过海，一件事没做好，就有可能翻船，同时受害。这也是为我吕范考虑，不完全只是为将军考虑啊！”孙策依从了他。周瑜听说了孙策的名声，于是想与他搞好关系，互相友好。等到孙策去世，孙权即位，周瑜认为孙权是可以与之共同成就大业的人，就一心为他服务了。诸葛亮在襄阳时，刘表不能够起用他。一见刘备，就毫不迟疑地为他服务。这些人都有如此的远见卓识，怎么会在乱世中遭受困厄呢？

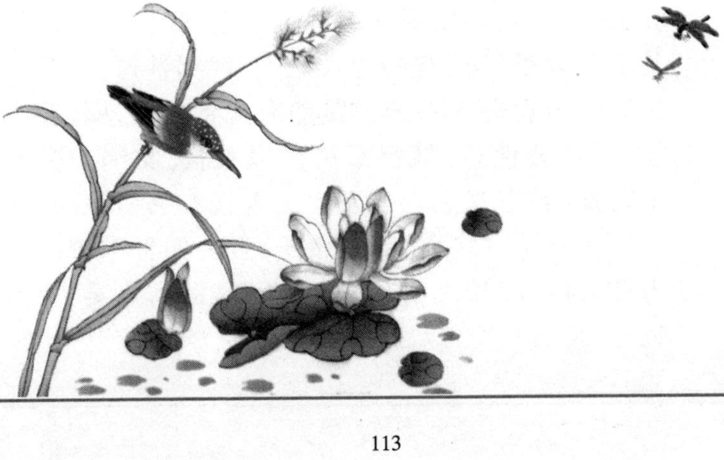

曹操杀杨修

曹操杀杨修之后，见其父彪，问曰：“公何瘦之甚？”对曰：“愧无日磾先见之明，犹怀老牛舐犊之爱。”操为之改容。《古文苑》载操与彪书，数修之罪，以为“恃豪父之势，每不与吾同怀，将延足下尊门大累”，便令刑之。且赠彪锦裘二领，八节角桃杖一枝，青牸牛二头，八百里骅骝马一匹，四望通幰七香车一乘，驱使二人。又遗其妻裘、靴、有心青衣二人，钱绢甚厚。卞夫人亦与袁夫人书云：“贤郎有盖世文才，阖门钦敬，明公性急，辄行军法。”以衣服、文绢、房子官锦、香车送之。彪及袁夫人皆答书引愆致谢。是时汉室将亡，政在曹氏，袁公四世宰相，为汉宗臣，固操之所忌，彪之不死其手，幸矣。呜呼，危哉！

【译文】

曹操杀了杨修之后，看见杨修的父亲杨彪，问道："您为什么如此瘦弱？"杨彪回答说："惭愧没有金日磾那样的先见之明，仍然怀着老牛舐犊的爱心。"曹操听后变了脸色。《古文苑》记载曹操给杨彪的信，数落杨修的罪过，认为杨修"仗恃父亲的权势，常常不与我同心，这将使您的家门受到牵连"，便命令判杨修死刑。曹操还赠送给杨彪华丽的裘衣二件，八节角的桃杖一枝，青色的母牛二头，能日行八百里的骅骝骏马一匹，四望通幰七香车一辆，奴仆两人。另外又赠给杨彪妻子袁夫人皮裘、靴子、有能力的女仆二人，赠送的钱、绢都很厚重。曹操之妻卞夫人也写给袁夫人一封信说："贤子有盖世文才，我们全家都很钦佩敬重他，我家明公性情急躁，对他实行了军法。"并且送给袁夫人衣服、文绢、房子、官锦以及香车。杨彪与袁夫人都回了信，并引咎致谢。这时候汉朝将要灭亡，政权在曹氏手中，袁氏四代宰相，为汉朝的宗臣，当然是曹操所忌恨的，杨彪没有死在曹操手里，已经是很幸运的了。唉，危险啊！

古人重国体

古人为邦，以国体为急，初无小大强弱之异也。其所以自待及以之待人，亦莫不然。故执言修辞，非贤大夫不能尽。楚申舟不假道于宋而聘齐，宋华元止之，曰："过我而不假道，鄙我也。鄙我，亡也。杀其使者，必伐我。伐我，亦亡也。亡，一也。"乃杀之。及楚子围宋既急，犹曰："城下之盟，有以国毙，不能从也。"

郑三卿为盗所杀，馀盗在宋，郑人纳赂以请之。师慧曰："以千乘之相，易淫乐之矇，宋无人焉故也。"子罕闻之，固请而归其赂。

晋韩宣子有环在郑商，谒诸郑伯，子产弗与，曰："大国之求，无礼以斥之，何餍之有？吾且为鄙邑，则失位矣。若大国令而共无艺，郑鄙邑也，亦弗为也。"晋合诸侯于平丘，子产争贡赋之次，子大叔咎之。子产曰："国不竞亦陵，何国之为！"

郑驷偃娶于晋，偃卒，郑人舍其子而立其弟。晋人来问，子产对客曰："若寡君之二三臣，其即世者，晋大夫而专制其位，是晋之县鄙也，何国之为！"

楚囚郑印堇父，献于秦，郑以货请之。子产曰：“不获。受楚之功，而取货于郑，不可谓国，秦不其然。若曰郑国微君之惠，楚师其犹在敝邑之城下。”弗从，秦人不予。更币，从子产而后获之。

读此数事，知春秋列国各数百年，其必有道矣。

【译文】

古代人治理国家，把国家的形象看得很重，无论是小国、大国、弱国、强国没有不是这样的。他们怎么对待自己，就用同样的态度对待别人，没有哪个国家不是这样。因此发表言辞必须十分斟酌，不是贤明的大夫就不能作出详尽的表述。楚国的申舟不向宋国借路而派使者问候齐国，宋国大夫华元阻止他，说：“经过我宋国而不向我借路，这是鄙视我。鄙视我，我国就要亡了。杀了楚国的使者，楚国必然会讨伐我们，我国也将会灭亡。既然亡国，都是一样的。”于是就杀了那个使者。等到楚国围攻宋国已经很危急的时刻，还说：“兵临城下订立盟约是被迫的，也会使国家灭亡，不能听从。”

郑国的三位卿大夫被盗贼杀害，而后盗贼逃到了宋国，郑国人送来礼品请求帮助抓获盗贼。盲人乐师师慧也在礼品之列，他说：“以千乘之国的国相，换一个沉浸于靡靡之音的瞎子，宋国实在是无人了。”子罕听说后，坚持请求把礼品退回郑国。

晋国的韩宣子有个玉环在郑国商人手里，就谒见郑伯，子产不给他，说：“大国的要求，不讲礼还要呵斥人，哪里会有满足的时候？我国本是边远之国，国君将会失去君位。假若大国强行命令而不讲道理，郑国虽是边远之国，也不会附从他们。”

晋国召集诸侯于平丘，子产为贡赋的顺序而争，子大叔责备他。子产说：“国家不竞争，就会遭受欺凌，那时还有什么国家可言！”

郑驷偃在晋国娶了妻子，驷偃死后，郑国人不立他的儿子，却立了他的弟弟，晋国派人询问，子产对来客说：“假若我国国君的几个大臣，他们去世后，晋国大夫就来专权控制他们的继位人，那么郑国就成了晋国的县邑了，还有什么国家的尊严可言？”

楚国囚禁了郑国的印堇父，并送给秦国，郑国用钱财来请求秦国放回印堇父。子产说：“不会有收获。接受楚国的战利品，又从郑国获取钱财，这不是一个国家干的，秦国肯定不会这样干的。如果说‘没有秦王出师给予郑国的恩惠，楚国的军队恐怕还在郑国的城下呢’，倒会有用。”郑国没有听从子产的话，结果秦国果然不肯放人。又派遣使者拿着礼物，按子产的话做，这才获得印堇父。

读了上面这几件事，知道春秋列国各有几百年历史，各个国家一定都有他们的治国之道。

谏说之难

韩非作《说难》，而死于说难，盖谏说之难，自古以然。至于知其所欲说，迎而拒之，然卒至于言听而计行者，又为难而可喜者也。秦穆公执晋侯，晋阴饴甥往会盟，其为晋游说无可疑者。秦伯曰："晋国和乎？"对曰："不和。小人曰必报仇，君子曰必报德。"秦伯曰："国谓君何？"曰："小人谓之不免，君子以为必归；以德为怨，秦不其然。"秦遂归晋侯。

秦伐赵，赵求救于齐，齐欲长安君为质。太后不肯，曰："复言者，老妇必唾其面。"左师触龙愿见，后盛气而揖之入，知其必用此事来也。左师徐坐，问后体所苦，继乞以少子补黑衣之缺。后曰："丈夫亦爱怜少子乎？"曰："甚于妇人。"然后及其女燕后，乃极论赵王三世之子孙无功而为侯者，祸及其身。后既寤，则言："长安君何以自托于赵？"于是后曰："恣君之所使。"长安君遂出质。

范雎见疏于秦，蔡泽入秦，使人宣言感怒雎，曰："燕客蔡泽，天下辩士也。彼一见秦王，必夺君位。"雎曰："百家之说，吾既知之，众口之辩，吾皆摧之，是恶能夺我位乎？”使人召泽，谓之曰：“子宣言欲代我相，有之乎？”对曰：“然。”即引商君、吴起、大夫种之事。睢知泽欲困己以说，谬曰：“杀身成名，何为不可？”泽以身名俱全之说诱之，极之以闳夭、周公之忠圣。今秦王不倍功臣，不若秦孝公、楚越王，睢之功不若三子，劝其归相印以让贤。睢竦然失其宿怒，忘其故辩，敬受命，延入为上客。卒之代为秦相者泽也。

秦始皇迁其母，下令曰：“敢以太后事谏者杀之。”死者二十七人矣。茅焦请谏，王召镬将烹之。焦数以桀、纣狂悖之行，言未绝口，王母子如初。吕甥之言出于义，左师之计伸于爱，蔡泽之说激于理，若茅焦者真所谓劘虎牙者矣。范睢亲困穰侯而夺其位，何遽不如泽哉！彼此一时也。

【译文】

韩非写了《说难》，却死于因劝谏所招致的灾祸。大概劝谏之难，自古以来就如此。至于国君知道了臣下所要劝谏的内容，虽然接见了来劝谏的臣子，而又拒绝接受他的意见，但最后还是言听计从了，这又是变困难而为可喜可贺的事了。秦穆公俘虏了晋惠公，晋国的阴饴甥前往参加会盟，他将替晋国游说是毫无疑问的。秦穆公问道：“晋国和睦吗？”阴饴甥回答说：“不和睦。小人说一定要报仇，君子说一定要报答恩德。”秦穆公又说：“你们国家认为你们君主的命运如何？”阴饴甥说:“小人认为他不会被免除刑罚,君子则认为一定会让晋惠公回晋国去,以德报怨,秦国一定不会这样做的。”秦国终于让晋惠公回了国。

秦国攻打赵国,赵国向齐国求救,齐国提出要以赵太后的小儿子长安君作为人质,赵太后不肯,说:“谁敢再说以长安君作人质的事,我一定要向他脸上吐唾沫。”左师触龙想拜见太后,太后气呼呼地请他进来,知道他必定是为长安君作人质的事而来的。左师慢慢坐下,先问太后身体如何,接着请求太后恩准让他的小儿子当个宫廷的黑衣卫士。太后说:“男子汉也爱怜自己的小儿子吗?”左师回答说:“比女人更加疼爱。”于是就说到太后之女燕国王后,接着深入探讨赵王三代以来没有功绩而封侯的子子孙孙,灾祸涉及他们自身的情况。太后醒悟,左师随即问道:“长安君凭什么在赵国立身处世?”太后说:“任凭您安排长安君吧。”于是将长安君送到齐国作人质。

范雎在秦国逐渐受到疏远,蔡泽到了秦国,派人传话激怒范雎,说:“燕国来的客卿蔡泽是天下能言善辩之士,他只要一见到秦王,必然要夺去范雎的相位。”范雎说:“百家之学说,我都了解,众人的雄辩,我都挫败过他们,又怎么能夺去我的相位呢?”于是派人找来蔡泽,对他说:“您扬言说要取代我为相,有这事吗?”蔡泽回答说:“是这样。”随即引用商鞅、吴起、大夫种的例子。范雎知道蔡泽要以游说之词难住自己,就故意说:“杀身成名,为什么不可以?”蔡泽以生命、名声都能保全的道理诱导他,以闳夭、周公的忠正圣明为他树立榜样。现在秦王不背弃功臣,不像秦孝公、楚王、越王那样,而他范雎的功绩也比不上闳夭等人,规劝他把相印归还秦王,把相印让给更为贤明的人,范雎肃然起敬,没有了原先的恼怒,失去了自己昔日的雄辩,恭敬地接受了他的意见,并请蔡泽入室待以上宾之礼。最后取代范雎作宰相的就是蔡泽。

秦始皇将生母逐出秦都，下令说：“有敢来以太后之事为谏的杀不赦。”已杀了二十七人。茅焦请求入宫劝谏，秦王让人抬来大锅准备烹杀他。茅焦借夏桀、殷纣狂妄悖逆的行为来责备秦王，话还没说完，秦王母子就和好如初了。

阴饴甥之言出于义，左师之言出于爱，蔡泽之说激发于理，至于茅焦真是所谓老虎嘴里拔牙了。范雎曾使擅权三十年的秦昭王舅父穰侯遭受免职之厄，从而夺取了他的相位，为什么突然就不如蔡泽呢？这就叫此一时彼一时呀！

韩馥　刘璋

韩馥以冀州迎袁绍，其僚耿武、闵纯、李历、赵浮、程涣等谏止之，馥不听。绍既至，数人皆见杀。刘璋迎刘备，主簿黄权、王累，名将杨怀、高沛止之，璋逐权，不纳其言，二将后为备所杀。王浚受石勒之诈，督护孙纬及将佐皆欲拒勒，浚怒欲斩之，果为勒所杀。武、纯、怀、沛诸人谓之忠于所事可矣，若云择君，则未也。呜呼！生于乱世，至死不变，可不谓贤矣乎？

【译文】

韩馥迎接袁绍入冀州，其僚属耿武、闵纯、李历、赵浮、程涣等规劝阻止他，韩馥不听。袁绍到冀州后，上述数人都被袁绍杀掉。刘璋迎接刘备入成都，主簿黄权、王累，名将杨怀、高沛等劝止他。刘璋赶走黄权，不采纳他的意见，杨怀、高沛二将后被刘备所杀。王浚受石勒的欺诈，督护孙纬以及将士们都主张抗拒石勒，王浚大怒，要斩杀他们。这些人终究被石勒所杀。耿武、闵纯、杨怀、高沛等人说他们忠心于他们的主子是可以的，但要说到选择明主，就恐怕未必了。唉！生活在战乱之世，至死忠心不变，能说不是贤人吗？

萧房知人

汉祖至南郑，韩信亡去，萧何自追之。上骂曰："诸将亡者以十数，公无所追；追信，诈也。"何曰："诸将易得，至如信，国士无双，必欲争天下，非信无可与计事者。"乃拜信大将，遂成汉业。

唐太宗为秦王时，府属多外迁，王患之。房乔曰："去者虽多不足吝。杜如晦，王佐才也，王必欲经营四方，舍如晦无共功者。"乃表留幕府，遂为名相。

二人之去留，系兴替治乱如此，萧、房之知人，所以为莫及也。樊哙从高祖起丰、沛，劝霸上之还，解鸿门之厄，功亦不细矣，而韩信羞与为伍。唐俭赞太宗建大策，发蒲津之谋，定突厥之计，非庸臣也，而李靖以为不足惜。盖以信、靖而视哙、俭，犹熊罴之与狸狌耳。帝王之

功，非一士之略，必待将如韩信、相如杜公，而后用之，不亦难乎！惟能置萧、房于帷幄中，拔茅汇进，则珠玉无胫而至矣。

【译文】

汉高祖行军到南郑，韩信不辞而别，萧何亲自追赶他。刘邦骂道：“将领们逃亡十几个人，你都没去追赶；而现在要去追韩信，这是骗人的。”萧何说：“诸将容易得到，至于韩信，是天下无双的奇士，您一定想要争夺天下，除了韩信，再也没有可以与之谋天下之计的人了。”于是刘邦封拜韩信为大将，终于成就了汉朝的大业。

唐太宗为秦王时，幕府属吏外调任职的人很多，秦王为此很忧虑。房玄龄说：“离去的人虽多，但没有什么可惜的。杜如晦是宰相之才，你秦王想要经营天下，舍弃杜如晦就没有可以共事的人了。”于是秦王上疏请将杜如晦留在秦王府中，后遂成为一代名相。

韩信、杜如晦的去留与否，关系到兴衰治乱，而萧何、房玄龄的善于发现人才，也是天下没人赶得上的。樊哙跟随刘邦起兵于丰、沛，攻占咸阳后又劝刘邦屯兵霸上，鸿门宴上又解刘邦困厄使之逃险。功劳也算不小了，但韩信把自己同樊哙在一起共事看成是一种羞辱。唐俭帮助高祖、太宗制定灭隋建唐的大策，在蒲津揭发独孤怀恩发动叛乱的阴谋，帮助唐太宗制定诱降突厥的大计，不能说是平庸之臣吧！而李靖认为失去唐俭不值得惋惜。以韩信、李靖的眼光来看樊哙、唐俭，也不过是熊罴与狸狌而已。帝王要建立大业，绝非一个谋士的计略可以达到的，一定要等到有了韩信那样的大将、杜如晦那样的贤相，然后才加以重用，岂不是太难了吗？只有将萧何、房玄龄一类人安排到营帐之中，选贤进能，那么珍珠宝玉般珍贵的人才就不请自来了。

裴潜　陆俟

曹操以裴潜为代郡太守，服乌丸三单于之乱。后召潜还，美其治代之功，潜曰："潜于百姓虽宽，于诸胡为峻。今继者必以潜为治过严，而事加宽惠；彼素骄恣，过宽必弛，既弛又将摄之以法，此怨叛所由生也。以势料之，代必复叛。"于是操深悔还潜之速。后数十日，单于反问果至。

元魏以陆俟为怀荒镇将，高车诸莫弗讼俟严急无恩，复请前镇将郎孤。魏使孤代俟，俟既至，言曰："不过期年，郎孤必败，高车必叛。"世祖切责之。明年，诸莫弗果杀孤而叛。帝召俟问曰："何以知其然？"俟曰："高车不知上下之礼，故臣制之以法，使知分限，而诸莫弗讼臣无恩，称孤之美。孤获还镇，悦其称誉，专用宽恕待之，无礼之人，易生骄慢，孤必将复以法裁之，众心怨怼，必生祸乱矣！"帝然之。裴潜、陆俟，可谓知为治之道矣。

郑子产戒子大叔曰："惟有德者能以宽服人，其次莫如猛。"大叔不忍猛而宽，是以致萑苻之盗，故孔子有宽猛相济之说。乌丸、高车，不知礼法，裴、陆先之以威，使其久而服化，必渐施之以宽政矣。后之人读纸上语，专以鹰击毛挚为治，而不思救弊之术，无问华夷，吾见其败也。

【译文】

曹操让裴潜担任代郡太守，降服了乌丸三单于的叛乱，后将裴潜召回京城，嘉奖他治理代郡的功劳。裴潜说："我对于百姓虽然比较宽松，但对于少数民族却很严峻。现在继任我的人必然认为我治理过于严峻，于是每事加以宽惠。少数民族一贯骄恣不法，如果过于宽松，他们必定为所欲为，为所欲为自然与法律相抵触，这样又去用严法约束他们，于是怨愤叛乱就会发生了。据形势估计，代郡必定再次发生叛乱。"于是曹操追悔这么快就把裴潜调来京师，过了几十天，单于造反的消息果然到了。

北魏以陆俟为怀荒镇将，高车诸莫弗上告陆俟严急无情，请求原镇将郎孤再去任职。北魏派郎孤代陆俟为镇将。陆俟既至京师，说："不出一年，郎孤必然失败，高车必然叛变。"世祖太武帝很严厉地批评了陆俟。第二年，诸莫弗果然杀郎孤而叛变。太武帝召见陆俟问道："你怎么知道是这样？"陆俟说："高车人不知君臣上下之礼，所以我用严法制服他们，让他们知道什么叫本分与限度。而诸莫弗上告说我无恩，称颂郎孤之美德。郎孤到了镇上，感悦对他的称誉，一心一意用宽容政策对待他们。而不懂礼的人，容易滋生骄傲轻慢之心，郎孤必然又以严法来处置他们，众人怨愤，祸乱必然发生！"太武帝同意他的看法。裴潜、陆俟可以说是很清楚治理之道的人。

郑子产告诫子大叔说："只有具备高尚品德的人，才能以宽松服人，否则就不如用严猛的办法。”子大叔不忍于威猛，实行宽松政策，因此导致萑苻的叛乱，所以孔子有宽猛相济的说法。乌丸、高车，不知礼法，裴潜、陆俟首先用威严对待他们，让他们长期适应而驯服，然后逐渐实行宽松政策。后来的人读了书上的话，只用严酷凶悍的办法治理，而不思考补救弊端的办法，无论是对汉人还是少数民族，我只见到他们的失败。

拔亡为存

燕乐毅伐齐，下七十馀城，所存者唯莒、即墨两城耳，赖田单之力，齐复为齐，尽寸之土无所失。

曹操牧兖州，州叛迎吕布，郡县八十城皆应之，唯鄄城、范、东阿不动，赖荀彧、程昱之力，卒全三城以待操，州境复安。古之人拔亡为存，转祸为福，如此多矣。靖康、建炎间，国家不竞，秦、魏、齐、韩之地，名都大邑数百，翦而为戎，越五十年矣，以今准古，岂曰无人乎哉？

【译文】

燕国大将乐毅攻打齐国，攻下了七十余座城池，余下的只有莒、即墨两座城池了，后来依赖田单的势力，齐国得以恢复，一寸国土也没有丧失。

曹操担任兖州长官，兖州士人背叛他迎附吕布，郡县中八十座城都响应，只有鄄城、范、东阿不为所动。后来依靠荀彧、程昱的力量，终于保全三城以等待曹操，全州得以重新安定。古代人把灭亡变为生存，转灾祸为福运，这种情况很多。靖康、建炎年间，国家不强盛，黄河流域几百座名都大邑，全部为金人所占据，已经五十年了。以今天比古代，难道就没有古代那样的人吗？

孙吴四英将

孙吴奄有江左，亢衡中州，固本于策、权之雄略，然一时英杰，如周瑜、鲁肃、吕蒙、陆逊四人者，真所谓社稷心膂，与国为存亡之臣也。自古将帅，未尝不矜能自贤，疾胜己者，此诸贤则不然。孙权初掌事，肃欲北还，瑜止之，而荐之于权曰："肃才宜佐时，当广求其比，以成功业。"后瑜临终与权笺曰："鲁肃忠烈，临事不苟，若以代瑜，死不朽矣！"肃遂代瑜典兵。吕蒙为寻阳令，肃见之曰："卿今者才略非复吴下阿蒙。"遂拜蒙母，结友而别。蒙遂亦代肃。蒙在陆口，称疾还，权问："谁可代者？"蒙曰："陆逊意思深长，才堪负重，观其规虑，终可大任，无复是过也。"逊遂代蒙。四人相继，居西边三四十年，为威名将，曹操、刘备、关羽皆为所挫，虽更相汲引，而孙权委心听之，吴之所以为吴，非偶然也。

【译文】

孙吴拥有江东，与中原抗衡，固然主要是依靠孙策、孙权的雄才大略，然而像周瑜、鲁肃、吕蒙、陆逊四位大臣是当时的英雄豪杰，真是所谓国家的得力助手，与国家共存亡的大臣啊！自古将帅，没有不自以为贤能，妒忌比自己强的，而这四位英杰不是这样。孙权开始掌权时，鲁肃打算回北方去，周瑜劝止他，并将他推荐给孙权说："鲁肃的才干适宜辅佐时政，应广泛搜求此类人才，以成就大业。"后来周瑜临终时写信给孙权说："鲁肃忠烈，办事认真，假若以他代替我周瑜，我即使死了也如同活着！"鲁肃于是代周瑜统兵。吕蒙担任寻阳令，鲁肃见了他说："您现在的才能谋略已不是当年的那个阿蒙了。"于是拜吕蒙之母，结成朋友而告别。后来吕蒙接替了鲁肃。吕蒙在陆口，声称有病返回吴都，孙权问他："谁可以代替你？"吕蒙回答说："陆逊思想深刻，才能胜任挑重担，观察他对事情的规划谋虑，可以大加任用，再没有超过此人的了。"陆逊于是代吕蒙为统兵将帅。四人相继，驻守西边三四十年，成为声威远扬的名将，曹操、刘备、关羽都被他们挫败过。虽然他们轮流彼此引荐而孙权委心听任，吴地之所以为吴国，绝非偶然。

魏明帝容谏

魏明帝时，少府杨阜上疏，欲省宫人诸不见幸者，乃召御府吏问后宫人数。吏守旧令，对曰："禁密，不得宣露。"阜怒，杖吏一百，数之曰："国家不与九卿为密，反与小吏为密乎？"帝愈严惮之。

房玄龄、高士廉问少府少监窦德素北门近有何营造，德素以闻。太宗大怒，谓玄龄等曰："君但知南牙耳，北门小小营造，何预君事耶？"玄龄等拜谢。

夫太宗之与明帝，不待比拟，观所以责玄龄之语，与夫严惮杨阜之事，不逭远矣；贤君一话一言，为后世法。惜哉！《魏史》以谓"群臣直谏之言，帝虽不能尽用，然皆优容之，虽非谊主，亦可谓有君人之量矣。”

【译文】

魏明帝时，少府杨阜上疏，希望削减宫女中那些不被宠幸的人，于是召见御府吏询问后宫人数。御府吏墨守成规，答道：“皇宫秘密，不能透露。”杨阜大怒，打了御府吏一百杖，斥责道：“连国家都不向九卿保密，反倒让一个小吏来保密吗？”明帝更加畏惧尊重杨阜。

房玄龄、高士廉询问少府少监窦德素，北门近来有什么营造，窦德素报告唐太宗。太宗大怒，对房玄龄说：“你们只管宰相府门内的事就行了，北门的小小营造，与你们有什么相干？”房玄龄等叩头谢罪。

唐太宗与魏明帝，不能相提并论。但听他责备房玄龄的那些话，与魏明帝敬重、畏惧杨阜的事差得太远了。贤明君主的一言一行，都应是后人的楷模。可惜啊！《三国志·魏书》说：“群臣耿直劝谏的言论，明帝虽不能完全采用，但都是宽容优待他们，明帝虽然称不上贤明的君主，也还称得上具有作为君主的度量吧。”

汉世谋于众

两汉之世，事无小大，必谋之于众人，予前论之矣，然亦有持以藉口掩众议者。霍光薨后，宣帝出其亲属补吏，张敞言：“朝臣宜有明言霍氏颛制，请罢三侯就第。明诏以恩不听，群臣以义固争而后许之。今明诏自亲其文，非策之得者也。”

哀帝欲封董贤等，王嘉言：“宜延问公卿、大夫、博士、议郎，明正其义，然后乃加爵土；不然，恐大失众心。暴平其事，必有言当封者，在陛下所从；天下虽不说，咎有所分，不独在陛下。前成帝初封淳于长，其事亦议。谷永以长当封，众人归咎于永，先帝不独蒙其讥。”哀帝乃止。

是知委曲迁就，使恩出君上，过归于下，汉代多如此也。

【译文】

两汉时期，事无大小，必定同众人商议，这一点我前面已经论述过了，然而也有以此为借口堵塞众人意见的情况。霍光死后，宣帝将他的亲属外放任地方官，张敞说：“朝臣之中应该有人公开议论霍氏专制朝政，请求罢免霍光三个被封为列侯的子孙的爵位，让他们回家。陛下已明确表示为了情义不能采纳，群臣用义理坚持诤谏，然后答应他们。如今陛下亲自起草诏书让他们出去做官，是失策的啊！”

汉哀帝打算封董贤等人的官爵，王嘉说：“应征求公卿、大夫、博士、议郎的意见，公开议论封授的意义，然后再加封爵位土地，不然恐怕会大失众人之心。突然公开评议这件事，必定有人说应当封授，顺从陛下的意愿，天下人尽管不高兴，但怨恨自有人承受，不单在陛下身上。以前成帝刚要加封淳于长时，也曾评论其事，谷永认为淳于长应当加封，众人把罪责归咎于谷永，成帝不致独自蒙受讥议。”哀帝暂时停止封授。

由此可知，委曲迁就，使恩泽出自君主，过失归于臣下，汉代大多如此。

汉祖三诈

汉高祖用韩信为大将，而三以诈临之：信既定赵，高祖自成皋度河，晨自称汉使驰入信壁，信未起，即其卧，夺其印符，麾召诸将易置之；项羽死，则又袭夺其军；卒之伪游云梦而缚信。夫以豁达大度开基之主，所行乃如是，信之终于谋逆，盖有以启之矣。

【译文】

汉高祖任用韩信作为大将，却三次用诈术对待他：韩信平定赵地之后，高祖从成皋渡过黄河，一大早自称汉王使节飞马入韩信军营，韩信尚未起床，高祖进入他的卧室收取他的印信符节，用大将的旗帜召来将领们，改变了他们的职位；项羽死后，则又用突然袭击的方式收取韩信的军权；最后假托巡游云梦而捉拿了韩信。刘邦以豁达大度开国君主的身份，所作所为竟然如此。韩信终于有图谋叛乱的念头，乃是汉高祖的刺激而萌生出来的。

有心避祸

有心于避祸，不若无心于任运，然有不可一概论者。董卓盗执国柄，筑坞于郿，积谷为三十年储，自云：“事不成，守此足以毕老。”殊不知一败则扫地，岂容老于坞耶？公孙瓒据幽州，筑京于易地，以铁为门，楼橹千重，积谷三百万斛，以为足以待天下之变，殊不知梯冲舞于楼上，城岂可保耶？曹爽为司马懿所奏，桓范劝使举兵，爽不从，曰：“我不失作富家翁。”不知诛灭在旦暮耳，富可复得耶？张华相晋，当贾后之难不能退，少子以中台星坼，劝其逊位，华不从，曰：“天道玄远，不如静以待之。”竟为赵王伦所害。方事势不容发，而欲以静待，又可嗤也。他人无足言，华博物有识，亦暗于几事如此哉！

【译文】

为了躲避灾祸而大动脑筋，倒不如漫不经心地听凭命运作安排，不过也有不能一概而论的情况。董卓窃取国家大权，在郿修筑城堡，收藏的谷物可以吃三十年。他自己说：“大事不成，守着这座城堡足可以终生到老。”殊不知，他一朝被杀，根本不可能容许他有机会来城堡养老。公孙瓒占据幽州，筑高丘于易，用铁造门，楼阁千重，积谷物三百万石，以为足可以应付天下大变。哪里知道袁绍的云梯、冲车舞动于楼前，城堡哪能保得住呢？曹爽被司马懿弹劾，桓范劝曹爽起兵，爽不听，说："我即使被撤去大将军一职，也还可以做个富翁嘛。"岂不知满门抄斩就在眼前，还有什么富翁可言呢。张华在西晋当宰相，当贾后在宫廷制造祸乱时，张华没有退位避祸，小儿子张韪因中台星分裂，劝他让出官位，张华没有听从，说："天象玄奥深远，不如静心等待。"后终于被赵王司马伦杀害。当形势万分紧迫时，而想静心等待，是很可笑的。张华学识渊博有见识，竟对有关身家性命的事糊涂到了这种地步！

士之处世

士之处世，视富贵利禄，当如优伶之为参军，方其据几正坐，噫呜诃棰，群优拱而听命，戏罢则亦已矣。见纷华盛丽，当如老人之抚节物，以上元、清明言之，方少年壮盛，昼夜出游，若恐不暇，灯收花暮，辄怅然移日不能忘，老人则不然，未尝置欣戚于胸中也。睹金珠珍玩，当如小儿之弄戏剧，方杂然前陈，疑若可悦，即委之以去，了无恋想。遭横逆机阱，当如醉人之受骂辱，耳无所闻，目无所见，酒醒之后，所以为我者自若也，何所加损哉？

【译文】

读书人为人处世，看待富贵利禄，应当像唱戏的扮演军官，当他身凭几案，正襟危坐，发号施令时，众演员拱手听命，戏一结束，一切也就结束了。见到豪华艳丽的场面,应当像老年人对待时节之景物。就上元、清明节来说吧,正当年少气盛的人,昼夜出去游玩,还唯恐时光不够,到花灯收了,烟花落了,还惆怅不能忘怀。老年人则不同,从未将高兴与悲戚放在心中。目睹金银珠宝,应当如小孩之做游戏,当那些东西摆在面前时,似乎很喜悦,一旦离开,一点也不留恋。遇上强暴无理、诬陷暗害的事,应当像喝醉了酒的人遭受辱骂一样,耳无所闻,目无所见,酒醒之后,我还是原来的样子,又有什么损害呢?

光武仁君

汉光武虽以征伐定天下，而其心未尝不以仁恩招怀为本。隗嚣受官爵而复叛，赐诏告之曰："若束手自诣，保无他也。"公孙述据蜀，大军征之垂灭矣，犹下诏谕之曰："勿以来歙、岑彭受害自疑，今以时自诣，则家族全，诏书手记不可数得，朕不食言。"遣冯异西征，戒以平定安集为急。怒吴汉杀降，责以失斩将吊民之义，可谓仁君矣。萧铣举荆楚降唐，而高祖怒其逐鹿之对，诛之于市，其隘如此，《新史》犹以高祖为圣，岂理也哉？

【译文】

汉光武帝虽然通过武力征伐平定天下，但他的本心总是以仁慈、恩德、招降、安抚为根本。隗嚣接受官爵后再次反叛，光武帝下诏书告诉他："如果你放弃抵抗投降，保证没有其他处分。"公孙述占据蜀地，光武帝派大军征伐他，即将平定时还下诏告诉他说："不要认为你曾刺杀我的大将来歙、岑彭而心怀疑虑，现在如果及时投降，就能保全家族。皇帝亲笔诏书不可多得，我绝不食言。"派遣冯异西征，告诫冯异把平定地方、安抚百姓作为急务。光武帝非常恼怒吴汉在成都残杀已经投降的人，责备他没有执行斩杀敌将，吊慰人民的道义。光武帝可以说是仁君了。萧铣割据长江中游，兵败降唐，可是唐高祖恼怒他曾跟自己争夺天下，把他杀死在长安的大街上。其心地狭隘到这种地步，《新唐书》还把李渊称为圣贤，难道符合大义吗？

任安　田仁

任安、田仁，皆汉武帝时能臣也，而汉史载其事甚略，褚先生曰："两人俱为卫将军舍人，家监使养恶啮马。仁曰：'不知人哉，家监也！'安曰：'将军尚不知人，何乃家监也！'后有诏募择卫将军舍人以为郎。会贤大夫赵禹来，悉召舍人百馀人，以次问之，得田仁、任安，曰：'独此两人可耳，馀无可用者。'将军上籍以闻。诏召此二人，帝遂用之。仁刺举三河，时河南、河内太守皆杜周子弟，河东太守石丞相子孙，仁已刺三河，皆下吏诛死。"观此事，可见武帝求才不遗微贱，得人之盛，诚非后世所及。然班史言："霍去病既贵，卫青故人门下多去事之，唯任安不肯去。"又言："卫将军进言仁为郎中。"与褚先生所书为不同。《杜周传》云："两子夹河为郡守，治皆酷暴。”亦不书其所终，皆阙文也。

【译文】

任安、田仁都是汉武帝时期的能臣，但汉代史书记载他们的事迹甚为简略，褚少孙先生补充说：“两人都是卫青大将军家的舍人，卫家总管叫他们去饲养咬人的马。田仁说：‘总管太不知人善任了！’任安说：‘将军都不能知人善任，何况他的总管呢！’后来皇帝下诏招募选择卫将军家的舍人为郎官。恰逢贤明的大夫赵禹来主持此事，他把百余舍人集合起来，依秩序进行口头测试，得到了田仁、任安，说：‘只有这两人可以，其余的没有可用之人。’卫将军就将二人的出身籍贯上报皇帝。武帝下诏召见二人，并用之为郎。后田仁作了丞相长史，检举三河地区的不法长官。当时河内、河南太守都是杜周的子弟，河东太守是丞相石庆的子孙，田仁检举他们的不法行为后，三河太守都被下狱处死。”由此可见，汉武帝求才不遗落微贱之人，他得人才之盛，实在不是后代所能企及的。可是班固的《汉书》说：“霍去病贵幸之后，卫青的故人门吏大多离开卫青而去了霍去病的门下，只有任安不肯离去。”又说：“卫将军向皇帝进言，推荐田仁为郎中。”与褚少孙先生所写的不同。《汉书·杜周传》说：“两个人在黄河两岸的两个郡作太守，治郡严酷残暴。”但没有写出他们的最终结果，这都是文字有遗漏。

世事不可料

秦始皇并六国，一天下，东游会稽，度浙江，撊然谓子孙帝王万世之固，不知项籍已纵观其旁，刘季起喟然之叹于咸阳矣。曹操芟夷群雄，遂定海内，身为汉相，日夜窥伺龟鼎，不知司马懿已入幕府矣。梁武帝杀东昏侯，覆齐祚，而侯景以是年生于漠北。唐太宗杀建成、元吉，遂登天位，而武后已生于并州。宣宗之世，无故而复河、陇，戎狄既衰，藩镇顺命，而朱温生矣。是岂智力谋虑所可为哉？

【译文】

秦始皇兼并六国，一统天下，东游会稽，渡过浙江，很威风地宣称子孙帝王万世之坚固不可动摇，哪里知道项羽已在旁边观看立志要取而代之，刘邦在咸阳亦喟然长叹，认为大丈夫应当如此。曹操扫除群雄，遂定海内，他身为汉朝的宰相，日夜想着夺取帝位，没想到司马懿已经进入了他的幕府中。梁武帝杀了东昏侯，颠覆了齐朝的帝统，而侯景于这年出生于漠北。唐太宗杀了李建成、李元吉，于是登上帝位，而武后已生于并州。唐宣宗时期，没付出多大的努力就收复了河、陇之地，少数民族的势力既已衰落，藩镇也顺从朝廷，而颠覆唐朝的朱温出生了。这难道是人的智力谋略能控制的吗？

曹操　唐庄宗

曹操在兖州，引兵东击陶谦于徐，而陈宫潜迎吕布为兖牧，郡县皆叛，赖程昱、荀彧之力，全东阿、鄄、范三城以待操。操还，执昱手曰："微子之力，吾无所归矣。"表为东平相。唐庄宗与梁人相持于河上，梁将王檀乘虚袭晋阳。城中无备，几陷者数四，赖安金全帅子弟击却之于内，石君立引昭义兵破之于外，晋阳获全。而庄宗以策非己出，金全等赏皆不行。操终有天下，庄宗虽能灭梁，旋踵覆亡，考其行事，概可睹矣。

【译文】

曹操在兖州，带领军队往东到徐州进攻陶谦。可是陈宫暗地里迎来吕布做了兖州的长官，兖州所辖的郡县大都背叛了曹操。依靠程昱、荀彧之力，保全了东阿、鄄、范三城以等待曹操。曹操回来后，握着程昱的手说："没有您的努力，我们就没有地方去了。"上表推荐程昱为东平相。唐庄宗与梁朝军队相持于黄河边上。梁将王檀乘虚袭击晋阳，当时城中无准备，有多次几乎失陷。仗着安金全统帅他的子弟们在城内击退敌兵，石君立率领昭义节度使的军队在城外击破敌人，晋阳才得以保全。而唐庄宗因为计策不是自己制定的，没有对安金全等进行赏赐。曹操最终据有天下，唐庄宗虽能灭梁，不久自己就灭亡了，考察他们平时的行为，大概就可以了解他们各自的结局了。

王卫尉

汉高祖怒萧何，谓王卫尉曰："李斯相秦皇帝，有善归主，有恶自予，今相国请吾苑以自媚于民，故系治之。"卫尉曰："秦以不闻其过亡天下，李斯之分过，又何足法哉！"唐太宗疑三品以上轻魏王，责之曰："我见隋家诸王，一品以下皆不免其踬顿，我自不许儿子纵横耳。"魏郑公曰："隋高祖不知礼义，宠纵诸子，使行非礼，寻皆罪黜，不可以为法，亦何足道。"观高祖、太宗一时失言，二臣能因其所言随即规正，语意既直，于激切中有婉顺体，可谓得谏争之大义。虽微二帝，其孰不降心以听乎！

【译文】

汉高祖恼怒萧何，对王卫尉说："李斯为秦始皇的宰相，有善则归之于皇帝，有恶则自己揽着，如今相国请求将我的上林苑赐给百姓，他这样讨好老百姓，居心叵测，因此我将他逮捕治罪。”王卫尉说：“秦始皇因为听不到自己的过失而丢了天下，这是李斯分担过失的结果，这值得后人效法吗？”唐太宗怀疑三品以上的官吏轻视魏王李泰，便责备他们说：“我见隋朝诸王，一品以下官员见到诸王时无不毕恭毕敬行礼。当然，我是不会允许儿子骄纵不法的。”魏征说：“隋高祖不懂礼义，过分地宠爱、放纵自己的儿子，使他们多行非礼，随即又犯罪而被废黜，这样的做法不值得效法，更不值得一提。”汉高祖、唐太宗一时失言，二臣都因其所言不确而随即予以纠正，直截了当，但于激切之中又不失婉转、恭敬，真可谓得谏诤的大义。其实除了汉高祖和唐太宗这样的雄才大略之帝，其他人又怎能不虚心听取这样的规谏呢！

前代为监

人臣引古规戒，当近取前代，则事势相接，言之者有证，听之者足以监。《诗》曰："殷监不远，在夏后之世。"《周书》曰："今惟殷坠厥命，我其可不大监！"又曰："我不可不监于有殷。"又曰："有殷受天命，惟有历年，惟不敬厥德，乃早坠厥命。"周公作《无逸》，称商三宗。汉祖命群臣言吾所以有天下，项氏所以失天下，命陆贾著秦所以失天下。张释之为文帝言秦、汉之间事，秦所以失，汉所以兴。贾山借秦为喻。贾谊请人主引商、周、秦事而观之。魏郑公上书于太宗云："方隋之未乱，自谓必无乱；方隋之未亡，自谓必无亡。臣愿当今动静以隋为监。"马周云："炀帝笑齐、魏之失国，今之视炀帝，亦犹炀帝之视齐、魏也。"张元素谏太宗治洛阳宫曰："乾阳毕功，隋人解体，恐陛下之过，甚于炀帝。若此役不息，同归于乱耳！”考《诗》、《书》所载及汉、唐诸名臣之论，有国者之龟镜也，议论之臣，宜以为法。

【译文】

臣子引述古代事例规劝君主时，应当选取与当代较近的前代史实，这样列举的事实与当时尚有某些联系，说的人证据确凿，听的人足以引以为戒。《诗经》说：“殷监不远，在夏后之世。”《周书》说：“今商朝丧失了自己的江山，我周朝能不引以为戒吗？”又说：“我周朝不能不以商朝的灭亡为戒。”又说：“商朝承受天命，虽有较长的历史，只是由于不敬天命，不修其德，致使国命坠丧。”周公旦写作《无逸》，称颂商朝的三宗。汉高祖命令群臣讨论他之所以获得天下，项羽之所以丧失天下的原因，命令陆贾撰文论述秦朝所以丧失天下的原因。张释之为汉文帝分析秦汉之间的历史，指出秦朝所以失败，汉朝所以兴起的原因。贾山也借秦朝来比喻。贾谊请求皇帝多看一些商、周、秦的历史。郑公魏征上书唐太宗，说：“当隋朝尚未发生战乱时，自己当然会认为必定无乱发生；当隋朝尚未灭亡时，认为必定不会灭亡。我希望今天的举措以隋朝为鉴。”马周说：“隋炀帝曾讥笑北齐、北魏的亡国，今天看待隋炀帝，犹炀帝之看待齐、魏一样。”张玄素谏止唐太宗修治洛阳宫说：“乾阳宫修成，隋朝的人心就解体了，我担心陛下的过错，比炀帝更甚。倘若此役不停，将与隋朝一样陷入动乱！”考察《诗》、《书》所记载的以及汉、唐各位名臣的言论，是国家统治者占卜吉凶的龟甲和区别美恶的镜子。后世负责谏议的大臣，应以此为法。

治盗法不同

唐崔安潜为西川节度使,到官不诘盗。曰:“盗非所由通容,则不能为。”乃出库钱置三市,置榜其上,曰:“告捕一盗,赏钱五百缗。侣者告捕,释其罪,赏同平人。”未几,有捕盗而至者。盗不服,曰:“汝与我同为盗十七年,赃皆平分,汝安能捕我?”安潜曰:“汝既知吾有榜,何不捕彼以来?则彼应死,汝受赏矣。汝既为所先,死复何辞?”立命给捕者钱,使盗视之,然后杀盗于市。于是诸盗与其侣互相疑,无地容足,夜不及旦,散逃出境,境内遂无一人为盗。予每读此事,以为策之上者。及得李公择治齐州事,则又不然。齐素多盗,公择痛治之,殊不止。他日得黠盗,察其可用,刺为兵,使直事铃下。间问以盗发辄得而不衰止之故。曰:“此由富家为之囊。使盗自相推为甲乙,官吏巡捕及门,擒一人以首,则免矣。”公择曰:“吾得之矣。”乃令凡得藏盗之家,皆发屋破柱,盗贼遂清。予乃知治世间事,不可泥纸上陈迹。如安潜之法可谓善矣,而齐盗反恃此以为沈命之计,则变而通之,可不存乎其人哉!

【译文】

唐代崔安潜为西川节度使，到任后不审讯盗贼，说："盗贼若无人通容帮助，就不可能达到目的。"于是从国库里拨出巨款放到三个市场上，旁边贴上一张文告，宣布道："告发和捕捉到一名盗贼，赏钱五百缗，如果是同伙告捕，则免其罪，赏赐同于一般人。"不久，有人捕获盗贼而来，盗贼不服气，说："他与我同为盗贼十七年，赃物都是平分的，他怎么能捕获我呢？"崔安潜说："你既然知道我出了文告，何不把他捕来呢？你将他捕来，他就会被处死，你就获得赏赐。你既然被他先逮捕，受死就无话可说了。"立即命令给逮捕盗贼的人以赏钱，使盗贼亲自看见，然后将盗贼在街上处死。自此以后，盗贼之间互相猜疑，无地容身，竟在一夜之间纷纷逃散出境，西川境内于是无一个盗贼。我每读此事，认为是治盗的上策。后来了解到李公择治理齐州的经历，才知道还有更高明的办法。齐州一贯盗贼多，公择下决心治理，但治而不止。一天捕获一名狡猾的惯犯，李公择觉得这名惯犯可以利用，于是在他脸上刺了字并让他当了兵，分在自己帐下听事。得便时就询问发现盗贼就予以逮捕但盗贼却累禁不止的原因。原先的惯犯说："这是由于富裕之家为他们作掩护。假使让盗贼自己推举掩护他们的最得力人物，官吏巡视到那掩护盗贼最得力人物的家里，将其逮捕，其他窝藏犯就不敢再掩护盗贼了。"李公择说："我知道治盗的办法了。"于是下令凡是藏匿盗贼的家庭被发现后，一律拆房破柱，没有多久，盗贼就肃清了。从这件事我才知道治理世间的事情，不可拘泥于过去的记载。如果说崔安潜的办法是好的，但齐地的盗贼反而借此作为保命之计。可见根据具体情况有所变通，关键还是事在人为。

靖康时事

邓艾伐蜀，刘禅既降，又敕姜维使降于钟会，将士咸怒，拔刀斫石。魏围燕于中山既久，城中将士皆思出战，至数千人，相率请于燕主，慕容隆言之尤力，为慕容麟沮之而罢。契丹伐晋连年，晋拒之，每战必胜。其后，杜重威阴谋欲降，命将士出陈于外，士皆踊跃，以为出战，既令解甲，士皆恸哭，声振原野。予顷修《靖康实录》，窃痛一时之祸，以堂堂大邦，中外之兵数十万，曾不能北向发一矢，获一胡，端坐都城，束手就毙！虎旅云屯，不闻有如蜀、燕、晋之愤哭者。近读《朱新仲诗集》，有《记昔行》一篇，正叙此时事。其中云："老种愤死不得战，汝霖疽发何由痊？"乃知忠义之士，世未尝无之，特时运使然耳。

【译文】

邓艾伐蜀，刘禅投降后，又下令姜维向魏将钟会投降，当时蜀国的将士十分愤怒，用刀砍石，以发泄心中的愤恨。北魏在中山把后燕围困了很久，城中将士数千人纷纷请示燕王出战，其中慕容隆表现最迫切，但被慕容麟所阻止，只好作罢。五代时，契丹人连年攻打后晋，晋人奋起抵抗，每战必胜。后来，杜重威阴谋投降，命令将士出营列阵，士卒都十分踊跃，以为是出去决战，及至杜重威下令放下武器投降，士兵都失声痛哭，哭声震动原野。我最近写了《靖康实录》，对靖康之祸感到十分痛心，作为一个堂堂大国，朝廷内外的军队尚有数十万人，但不曾向北发一支箭，俘获一个敌人，端坐都城，束手就擒待毙！数十万精兵云集，但不闻有如蜀、燕、晋那样的痛哭之人。最近读《朱新仲诗集》，其中有《记昔行》一篇，写的正是靖康之事。其中说道："老种愤死不得战，汝霖疽发何由痊？"乃知忠义之士，并不是没有，只是当时的形势没能使他们展现自己的忠义罢了。

并韶

梁武帝时，有交趾人并韶者，富于词藻，诣选求官，而吏部尚书蔡撙以并姓无前贤，除广阳门郎。韶耻之，遂还乡里谋作乱。夫用门地族望为选举低昂，乃晋、宋以来弊法，蔡撙贤者也，不能免俗，何哉？

【译文】

梁武帝时，有交趾人名叫并韶，能说会写，来到吏部求官，吏部尚书蔡撙认为并姓没有著名人物，因而只任命他为广阳门郎。并韶感到耻辱，就回到自己的家乡图谋作乱。以门第族望来作为选拔人才的高低标准，是晋、宋以来的流弊，蔡撙是个贤人，但也不能免除这种流俗，为什么呢？

颜鲁公

颜鲁公忠义大节，照映今古，岂唯唐朝人士罕见比伦，自汉以来，殆可屈指也。考其立朝出处，在明皇时，为杨国忠所恶，由殿中侍御史出东都、平原。肃宗时，以论太庙筑坛事，为宰相所恶，由御史大夫出冯翊。为李辅国所恶，由刑部侍郎贬蓬州。代宗时，以言祭器不饬，元载以为诽谤，由刑部尚书贬峡州。德宗时，不容于杨炎，由吏部尚书换东宫散秩。卢杞之擅国也，欲去公，数遣人问方镇所便，公往见之，责其不见容，由是衔恨切骨。是时年七十有五，竟堕杞之诡计而死，议者痛之。呜呼！公既知杞之恶己，盍因其方镇之问，欣然从之。不然，则高举远引，挂冠东去，杞之所甚欲也。而乃卷眷京都，终不自为去就，以蹈危机，《春秋》责备贤者，斯为可恨。司空图隐于王官谷，柳璨以诏书召之，图阳为衰野，堕笏失仪，得放还山。璨之奸恶过于杞，图非公比也。卒全身于大乱之世，然则公之委命贼手，岂不大可惜也哉！虽然公囚困于淮西，屡折李希烈，卒之捐身徇国，以激四海义烈之气，贞元反正，实为有助焉。岂天欲全畀公以万世之名，故使一时堕于横逆，以成始成终者乎！

【译文】

颜鲁公（颜真卿）忠义大节，照映千古，不仅在唐朝没有人敢与他相比，即使从汉朝以来，他都是屈指可数的人物。考察一下他在朝廷做官的经历，在唐明皇时，为杨国忠所厌恶，由殿中侍御史调出京城任东都、平原的地方官。唐肃宗时，又因批评太庙筑坛之事，受到宰相的讨厌，从御史大夫调任冯翊太守。后又为李辅国所厌恶，由刑部侍郎贬往蓬州。唐代宗时，又因议论祭器不整齐完备，元载认为他是诽谤，由刑部尚书贬往峡州。唐德宗时，又不被宰相杨炎所容，由吏部尚书调往东宫担任有职无权的闲职。卢杞专权时，打算将颜真卿逐出京城，多次派人去问他愿去哪个方镇任职，颜鲁公去见卢杞，责问卢杞为何不能容他在京城，于是卢杞更加切齿痛恨他。当时颜鲁公七十五岁，最后还是堕入卢杞的诡计而被李希烈所杀，议论这事的人都为之惋惜。呜呼！颜鲁公既然知道卢杞厌恶他，何不在卢杞问他愿意到哪个方镇任职时，欣然去方镇任职呢？或者干脆远走高飞，辞职东去，这是卢杞所最希望的。而他眷恋京城，最后都不为自己考虑退路，以至陷入危机之中而不能自救。《春秋》常常苛责备贤能的人，这很令人遗憾。司空图隐居于王官谷，柳璨以皇帝的诏书召见他，司空图假装衰弱，故意将笏失手掉在地上，以致失了礼仪，没有被任命，让他回家了。柳璨的奸险比卢杞更厉害，而司空图更不可与颜鲁公相比，但司空图终究全身于大乱之世，而颜鲁公则死在叛贼的手里，不是太可惜了吗？不过，颜鲁公被叛贼囚禁在淮西时，屡次以凛然之正气痛斥李希烈，最后捐身殉国，激励了四海的义烈之气，这对后来唐德宗贞元年间叛将的纷纷反正，实在是一个很大的促进。这或许是上天欲给颜鲁公留下万世英名，因此让他一时堕入奸臣的诡计，而促成他光辉义烈的一生。

戒石铭

“尔俸尔禄，民膏民脂，下民易虐，上天难欺。”太宗皇帝书此，以赐郡国，立于厅事之南，谓之《戒石铭》。按成都人景焕，有《野人闲话》一书，乾德三年所作，其首篇《颁令箴》，载蜀王孟昶为文颁诸邑云：“朕念赤子，旰食宵衣。言之令长，抚养惠绥。政存三异，道在七丝。驱鸡为理，留犊为规。宽猛得所，风俗可移。无令侵削，无使疮痍。下民易虐，上天难欺。赋舆是切，军国是资。朕之赏罚，固不逾时。尔俸尔禄，民膏民脂。为民父母，莫不仁慈。勉尔为戒，体朕深思。”凡二十四句，昶区区爱民之心，在五季诸僭伪之君为可称也，但语言皆不工，唯经表出者，词简理尽，遂成王言，盖诗家所谓夺胎换骨法也。

【译文】

“你们的俸禄，都是民脂民膏，虽然老百姓容易虐待，但上天却难欺骗。”宋太宗写了这四句话，颁发给各地方官员，让他们立碑在公堂南面，称做《戒石铭》。按：成都人景焕，著有《野人闲话》一书，是宋太祖乾德三年时作的。第一篇为《颁令箴》，记载了后蜀国主孟昶曾作文告颁发给各地方长官，说："我十分关心百姓，为他们很晚才吃饭，天不明就起床。告诫你们担任县令长官的，要关心爱护黎民百姓。治理地方要达到蝗虫不入境，鸟兽懂礼仪，儿童有仁心这三种异事出现，而达到圣人之治，关键还在于地方官们如弹琴一样，把政务调理得好。驱赶鸡也要有理，留下小牛也要讲一定的规则。政治要宽猛适当，才能移风易俗扶植正气。不要侵削百姓，不要让百姓的利益受到破坏。老百姓容易被虐待，但上天不可欺骗。田赋收入是国家的切身要事，是军队和国家的依靠。我的赏罚，决不会拖延。你们的俸禄，都是民脂民膏。作为父母官的县令县长，最需要对百姓仁慈。希望你们以我的劝告为戒，体会我的深意。"共二十四句。孟昶区区爱民之心，在五代十国的那些割据称王的人里面是应该被称道的。但他的文章语言不甚精炼，只有从中归纳出的四句，言简意赅，于是成为宋太宗的不朽名言，这是诗人们经常使用的脱胎换骨之法。

李建州

建安城东二十里，有梨山庙，相传为唐刺史李公祠。予守郡日，因作祝文曰："亟回哀眷。"书吏持白"回"字犯相公名，请改之，盖以为李回也。后读《文艺·李频传》，懿宗时，频为建州刺史，以礼法治下。时朝政乱，盗兴相椎敚，而建赖频以安。卒官下，州为立庙梨山，岁祠之，乃证其为频。继往祷而祝之云，俟获感应，则当刻石纪实。已而得雨，遂为作碑。偶阅唐末人石文德所著《唐朝新纂》一书，正纪频事，云除建州牧，卒于郡。曹松有诗悼之曰："出旌临建水，谢世在公堂。苦集休藏箧，清资罢转郎。瘴中无子奠，岭外一妻孀。恐是浮吟骨，东归就故乡。"其身后事落拓如此。《传》又云："频丧归寿昌，父老相与扶柩葬之。天下乱，盗发其冢，县人随加封掩。"则无后可见云。《稽神录》载一事，亦以为回，徐铉失于不审也。

【译文】

建安城东二十里，有一座梨山庙，相传是唐朝刺史李公的祠庙。我在该郡担任太守的时候，曾写祭文，其中有一句为"亟回哀眷"。建安郡吏认为“回”字犯了李刺史的讳，请我改一下，郡吏以为李刺史就是李回。后来看《文艺 · 李频传》，唐懿宗时，李频为建州刺史，以礼法治理本州。当时朝政紊乱，盗贼竞相抢夺杀人，而建州独因李频担任刺史而平安无事。后来李频死于刺史任上，建州人为他立庙于梨山，每年都进行祭祀，这就证明了是李频的庙。以后我又去祈祷并许愿说，如果有灵验，我当刻石将他的事迹记载下来。果然下了一场雨，于是就为他刻了碑。偶然读到唐末石文德所著的《唐朝新纂》一书，正好记有李频之事，说李频担任建州长官，死于郡中任上。曹松有诗追悼他说：“出旌临建水，谢世在公堂。苦集休藏箧，清资罢转郎。瘴中无子奠，岭外一妻孀。恐是浮吟骨，东归就故乡。”他死后其家居然穷困失意到这种地步。他的《传》里又说：“李频去世后，灵柩被送归家乡寿昌，由父老乡亲安葬入土。后天下大乱，盗贼将其坟墓挖了，县里人又将其坟墓封埋起来。”这可见李频确实是没有后代的。《稽神录》也记载了此事，但将他当作李回，这是因为作者徐铉没有详加考核的缘故。

存亡大计

国家大策，系于安危存亡，方变故交切，幸而有智者陈至当之谋，其听而行之，当如捧漏瓮以沃焦釜。而愚荒之主，暗于事几，且惑于谀佞孱懦者之言，不旋踵而受其祸败，自古非一也。曹操自将征刘备，田丰劝袁绍袭其后，绍辞以子疾不行。操征乌戎，刘备说刘表袭许，表不能用，后皆为操所灭。唐兵征王世充于洛阳，窦建德自河北来救，太宗屯虎牢以扼之，建德不得进，其臣凌敬请悉兵济河，攻取怀州、河阳，逾太行，入上党，徇汾、晋，趣蒲津，蹈无人之境，取胜可以万全，关中骇震，则郑围自解。诸将曰："凌敬书生，何为知战事，其言岂可用？"建德乃谢敬。其妻曹氏，又劝令乘唐国之虚，连营渐进，以取山北，西抄关中，唐必还师自救，郑围何忧不解。建德亦不从，引众合战，身为人擒，国随以灭。唐庄宗既取河北，屯兵朝城，梁之君臣，谋数道大举，令董璋引陕、虢、泽、潞之兵趣太原，霍彦威以汝、洛之兵寇镇定，王彦章以禁军攻郓州，段凝以大军当庄宗。庄宗闻之，深以为忧。而段凝不能临机决策，梁主又

无断，遂以致亡。石敬瑭以河东叛，耶律德光赴救，败唐兵而围之，废帝问策于群臣。时德光兄赞华，因争国之故，亡归在唐，吏部侍郎龙敏请立为契丹主，令天雄、卢龙二镇分兵送之，自幽州趣西楼，朝廷露檄言之，虏必有内顾之虑，然后选募精锐以击之，此解围一策也，帝深以为然。而执政恐其无成，议竟不决，唐遂以亡。皇家靖康之难，胡骑犯阙，孤军深入，后无重援，亦有出奇计乞用师捣燕者，天未悔祸，噬脐弗及，可胜叹哉！

【译文】

国家的重大决策，与国家的安危存亡联系在一起。当变故交织时，幸而有智慧的人提出恰当的谋略，作君主的听取其谋略并实行之，就好比捧着漏水瓮去浇烧焦的锅一样刻不容缓。而愚蠢荒淫的君主，不明白事理，又被谀佞懦弱之人所迷惑，没有多久就会遭受祸乱。这样的例子自古以来太多了。曹操亲自领兵去征讨刘备，田丰劝袁绍偷袭曹操的后方，袁绍以小儿子有病为由而不采纳田丰之计。曹操征伐乌戎，刘备劝刘表攻袭许昌，刘表没有采用，后袁绍、刘表都为曹操所消灭。唐兵征讨王世充于洛阳，窦建德自河北来相救，唐太宗屯兵于虎牢关以阻击他，窦建德的臣下凌敬请求将兵全部渡过黄河，攻取怀州、河阳，越过太行山，进入山西上党境内，沿着汾水、晋水，直指蒲津关，如入无人之境，是取胜的万全之策。只要关中地区震动，则洛阳之围自然就可以解除。而窦建德的将领们说："凌敬只是一介书生，怎么会懂得战争，他的话岂能采用？"窦建德便谢绝了凌敬的建议。建德的妻子曹氏，又劝建德乘唐朝后方空虚，集中兵力，稳扎稳打，夺取太行山以北的地方，向西抄略关中，唐必定还军自救，对郑国王世充的包围就会自然解除。窦建德也不听从，而是带领军队与唐兵硬拼，结果被唐兵活捉，国家也随之消灭。唐庄宗取得河北后，将军队屯驻朝城，梁国君臣商议将分兵几路大举进攻，命令董璋带领陕州、虢州、泽州、潞州之兵急赴太原，霍彦威领汝州、洛阳之兵攻打镇定，王彦章带领禁军攻打郓州，段凝率领大军抵挡唐庄宗。唐庄宗知道这种部署后非常担心。但由于段凝不能当机立断，而梁国国君又优柔寡断，遂招致灭亡。石敬瑭以河东之地投降契丹，契丹国主耶律德光领兵救援他，打败了前来征讨石敬瑭的后唐军队，并将唐兵包围起来。唐废帝向群臣问计策，当时耶律德光的哥哥赞华，因与弟弟争夺国位，逃亡到了后唐。吏部侍郎龙敏奏请立赞华为契丹王，令天雄、卢龙两镇的节度使派兵送他回国即位，经幽州直赴西楼，然后朝廷发布文告于天下，这样契丹必有内顾之虑，然后选派精兵袭击，这是解除包围的一个良策。唐废帝也赞赏这个办法，但掌权的大臣唯恐事情办不成，迟疑不决，后唐遂灭亡。宋朝靖康之难，金兵侵犯国都东京，孤军深入，后又没有有力支援，当时也有人献出奇计，率军队直捣金国后方幽燕一带，大概是老天有意给大宋降下灾祸，而此计没被采用，以致后悔也来不及了，真是可叹啊！

晋燕用兵

万事不可执一法，而兵为甚。晋文公围曹，攻门者多死，曹人尸诸城上。晋侯患之，听舆人之谋曰："称舍于墓。言若将发冢者。"师迁焉，曹人凶惧，因其凶而攻之，遂入曹。燕将骑劫攻齐即墨，田单纵反间言，吾惧燕人掘吾城外冢墓。燕军乃尽掘冢墓，烧死人，齐人望见皆涕泣，其欲出战，怒自十倍，已而果败燕军。观晋、燕之所以用计则同，而其成败顿异者何邪？晋但舍于墓，阳为若将发冢，故曹人惧，而燕真为之，以激怒齐人故尔。

【译文】

万事多变化，不能固执地采用一种办法处理，在用兵上更是如此。晋文公包围了曹国，攻打城门的人死了许多。曹国人将尸体摆在城楼上，晋文公十分担忧，一个驾车人献计说："把军队迁到曹国人的墓地上去，并声称要挖曹国人的祖坟。"军队迁动后，曹国人嚷嚷喧哗骚动起来，晋兵便趁机发动袭击，遂攻灭了曹国。燕国将领骑劫攻打齐国的即墨，齐国守将田单派间谍散布谣言，说齐国最怕的是燕国军队去掘城外齐国人的祖坟。燕军于是把齐国人的祖坟全部挖了，把尸骨烧掉，齐人望见无不涕泣，纷纷要求出战，愤怒增加十倍，不久果然打败燕军。观晋、燕所用的计策相同，但其成败恰好相反，这是为什么呢？晋国只是驻扎于墓地，假装要挖曹国人的祖坟，所以曹国人担心害怕，而燕国却真的去挖掘坟墓，以致激怒了齐国人。

父子忠邪

汉王氏擅国，王章、梅福尝言之，唯刘向勤勤恳恳，上封事极谏，至云："事势不两大，王氏与刘氏亦且不并立。陛下为人子孙，守持宗庙，而令国祚移于外亲，降为皂隶。为后嗣忧，昭昭甚明。"其言痛切如此。而子歆乃用王莽举为侍中，为莽典文章，倡导在位，褒扬功德，安汉、宰衡之名，皆所共谋，驯致摄篡，卒之身亦不免。魏陈矫事曹氏，三世为之尽忠，明帝忧社稷，问曰："司马懿忠正，可谓社稷之臣乎？"矫曰："朝廷之望，社稷未知也。"懿竟窃国柄。至孙炎篡魏为晋，而矫之子骞乃用佐命勋，位极公辅。晋郗愔忠于王室，而子超党于桓氏，为温建废立之谋。超死，愔哀悼成疾。后见超书一箱，悉与温往反密计，遂大怒曰："小子死恨晚！”更不复哭。《晋史》以为有大义之风。向、矫、愔之忠如是，三子不胜诛矣！

【译文】

西汉外戚王氏专权，王章、梅福虽曾上书指出王氏擅权的问题，但唯有刘向勤勤恳恳，上奏章极力劝谏，甚至说：“事势不能二大并存，王氏与刘氏不能并立，陛下是刘氏子孙，应当守持宗庙，不致亡废。而现在国家大权却转移到外戚的手中，陛下的地位已降到王姓差役的地步。应该为刘姓的后代考虑担忧，形势是十分危急的。”刘向的话如此深刻痛切。但他的儿子刘歆则通过王莽举荐为侍中，为王莽管理典籍，首先倡导王莽居大将军之位，并为王莽褒扬功德。“安汉公”、“宰衡”这些名号，都是王莽与刘歆共同谋划出来的。他恭顺王莽直至王莽篡位，但最后还是被王莽所杀。曹魏陈矫侍奉曹氏，三世为曹氏尽忠。明帝担忧社稷，问道：“司马懿是个忠心正直的大臣，可以说是安定社稷的人吗？”陈矫说：“他是朝廷的人才，但是否为社稷之臣，这就难说了。”司马懿竟篡夺了国家大权。到他孙子司马炎时，便灭魏为晋了。但陈矫之子陈骞竟为司马炎的佐命元勋，位至极品公相。东晋郗愔忠于王室，而他的儿子郗超却与桓温结党营私，为桓温谋划废立皇帝的阴谋。郗超死后，郗愔哀伤过度成疾。后来发现一箱郗超的书信，记载着与桓温的往返密计，郗愔大怒说：“恨这小子死得太晚了！”从此，再不哭儿子了。《晋书》认为郗愔有大义之风。刘向、陈矫、郗愔忠心如此，但他们的三个儿子做大逆不道之事，就死有余辜了。

苏张说六国

苏秦、张仪同学于鬼谷，而其从横之辩，如冰炭水火之不同，盖所以设心者异耳。苏欲六国合从以摈秦，故言其强。谓燕地方二千馀里，带甲数十万，车六百乘，骑六千匹；谓赵地亦方二千馀里，带甲数十万，车千乘，骑万匹；谓韩地方九百里，带甲数十万，天下之强弓劲弩，皆从韩出，韩卒之勇，一人当百；谓魏地方千里，卒七十万；齐地方二千馀里，临菑之卒，固已二十一万；楚地方五千里，带甲百万，车千乘，骑万匹。至于张仪，则欲六国为横以事秦，故言其弱。谓梁地方不过千里，卒不过三十万；韩地险恶，卒不过二十万；临菑、即墨非齐之有；断赵右肩；黔、巫非楚有；易水、长城非燕有。然而六王皆耸听敬从，举国而付之，未尝有一语相折难者。彼皆长君，持国之日久，逮其临事，乃顾如桔槔，随人俯仰，得不危亡幸矣哉！且一国之势，犹一家也。今夫主一家之政者，较量生理：名田若干顷，岁收谷粟若干；艺园若干亩，岁收桑麻若干；邸舍若干区，为钱若干；下至牛羊犬鸡，莫不有数，自非童騃孱愚之人，未

有不能件析而枚数者，何待于疏远游客为吾借箸而筹哉？苟一以为多，一以为寡，将遂挈挈然举而信之乎？晁错说景帝曰："高帝大封同姓，齐七十馀城，楚四十馀城，吴五十馀城，分天下半。"以汉之广，三国渠能分其半，此错欲削诸侯，故盛言其大尔。胶西王将与吴反，群臣谏曰："诸侯地不能当汉十二，为叛逆非计也。"是时反者即吴、楚、诸齐，此胶西臣欲止王之谋，故盛言其小尔。二者视苏、张之言，疑若相似，而用心则否，听之者惟能知彼知己，则善矣。

【译文】

苏秦、张仪，一同求学于鬼谷子，但是他们一个主张连横，一个主张合纵，如冰与炭、水与火一样互不相容。这是因为他们的用心不同。苏秦主张六国合纵共同抗秦，所以极力强调六国的力量强大。说燕国的土地方圆二千余里，有甲兵几十万人，兵车六百辆，战马六千匹；说赵国土地亦有二千余里，甲兵几十万，战车一千辆，军马一万匹；说韩国地方方圆九百里，甲兵数十万，天下的强弓劲弩都出自韩国，韩国士兵十分勇敢，一个人可以抵挡一百个人；说魏国地方方圆千里，士卒七十万；齐国地方方圆二千余里，单临菑一地，士卒就有二十一万；楚国地方方圆五千余里，甲兵百万，兵车千乘，战马万匹。至于张仪，其目的使六国臣服秦国，所以尽可能描绘六国力量的弱小。说梁地方圆不过千里，士卒不过三十万；韩地险恶，士卒不过二十万；临菑、即墨已经不是齐能控制的地方了；赵国的右肩已被斩断；而黔、巫也脱离了楚国；易水、长城亦非燕国所有。然而六国的君主无不恭恭敬敬地言听计从，并且把国家大权都交给张仪，未尝有片言只语提出疑问诘难。这些国家的君王年纪都不小了，治理国家也有好多年，可是遇到此事时，有如桔槔吸水，被人任意操纵俯仰，这样的国君不亡国就已经很幸运了。况且一国的势力，犹如一家的事。如今主持一家之事的人，计划一家人的生活，土地有多少顷，一年能收多少粮食；种园多少亩，每年收桑、麻多少；房屋有几处，值多少钱；下至牛羊犬鸡，莫不有个数目。只要不是幼稚愚呆的人，没有不能对自家资产一件件数得清楚的，何必要远方的陌生人来替自己打算或谋划呢？若一个说多，一个说少，你能被他们左右而相信他们吗？晁错对景帝说："汉高祖大封同姓，齐国有七十余城，楚国有四十余城，吴国有五十余城，分去了天下的一半。"以汉朝的广大，三个封国能够分去一半吗？这是晁错欲削弱诸侯，所以竭力夸大。胶西王将与吴国谋反，群臣劝告说："诸侯之地不到汉朝的十分之二，搞叛乱不是好计谋。"当时造反的即吴、楚和齐地的一些诸侯，这是胶西王的大臣想阻止胶西参加叛乱，所以才竭力说得小一些。这二事与苏、张之言，很有点相似，但用心则不一样。听取这些议论的人，如果做到知己知彼就好了。

一定之计

人臣之遇明主，于始见之际，图事揆策，必有一定之计，据以为决，然后终身不易其言，则史策书之，足为不朽。东坡序范文正公之文，盖论之矣。

伊尹起于有莘，应汤三聘，将使君为尧、舜之君，民为尧、舜之民，卒之相汤伐夏，俾厥后惟尧、舜，格于皇天。傅说在岩野，爰立作相，三篇之书，皎若星日，虽史籍久远，不详纪其行事，而高宗克鬼方，伐荆、楚，嘉靖商邦，礼陟配天，载于《易》之《既济》、《书》之《无逸》、《诗》之《殷武》，商代之君莫盛焉。罔俾阿衡，专美有商，于是为允蹈矣。管仲以其君霸，商君基秦为强，虽圣门羞称，后世所贱，然考其为政，盖未尝一戾于始谋。韩信劝汉祖任天下武勇，以城邑封功臣，以义兵从思东归之士，传檄而定三秦；下魏之后，请北举燕、赵，东击齐，南绝楚粮道，西会荥阳，至于灭楚，无一言不酬。邓禹见光武于河北，知更始无成，说帝延揽英雄，务悦民心，立高祖之业，救万民之命，帝与定计议，终济大业。耿弇与光武同讨王郎，愿归幽州，益发精兵，定彭宠，取张丰，还收富平、获索，东攻张步，以平齐地，帝常以为落落难合，而事竟成。诸葛亮论曹操挟天子令诸侯，难与争锋；孙权据有江东，可与为援而不可图。荆州用武之国，益州沃野千里，劝刘备跨有荆、益，外观时变，则霸业可成，汉室可兴，及南方已定，则表奖率三军，北定中原。已而尽行其说，至于用师未战而身先死，则天也。房乔杖策谒太宗为记室，即收人物致幕府，与诸将密相申结，辅成大勋，至于为相，号令典章，尽出其手，虽数百年犹蒙其功。王朴事周世宗，当五季草创之际，上《平边策》，以为："唐失吴、蜀，晋失幽、并，当知所以平之之术。当今吴易图，可挠之地二千里，攻虚击弱，则所向无前，江北诸州，乃国家之有也。既得江北，江之南亦不难平。得吴则桂、广皆为内臣，岷、蜀可飞书而召之，不至则四面并进，席卷而蜀平矣。吴、蜀平，幽可望风而至。唯并必死之寇，候其便则一削以平之。"世宗用其策，功未集而殂。至于国朝，扫平诸方，先后次第，皆不出朴所料。独幽州之举，既至城下，而诸将不能成功。若乃王安石颛国，言听计从，以身任天下之重，而师慕商鞅为人，苟可以取民者，无不尽，遂贻后世之害，则在所不论也。

【译文】

人臣遇见明主，在最初见面时，图谋定计，必须有一定的决策。根据这些决策，决断大事，并且终身不改变自己的诺言。这样史书将予以记载，足可以使其不朽。苏东坡给范仲淹的文集作序，已议论得十分透彻。

伊尹来自于有莘，在汤的三次聘请后，应允辅助汤，并决心使汤成为尧舜之君，使民成为尧舜之民，最后终于成为汤的宰相，并灭了夏，使商成为了尧舜以后的盛世，这种精神感动了上天。傅说隐于岩间山野，后被任命为宰相，写了《说命三篇》的文章，如同日月星辰般发出光芒。虽然史籍久远，古书里没有详细记载他们的事迹，但商高宗攻克鬼方，征伐荆、楚，安定商国，德行配于上天。这在《易经》的《既济》、《尚书》的《无逸》、《诗经》的《殷武》等文章里都有记载。商朝的各代君王时期，没有比高宗时期更加繁盛的了。傅说的功绩，不让伊尹专美于商朝一代，这才是比较公允的。春秋时管仲使他的君主称霸于诸侯，战国时商鞅为秦国的强大奠定了基础。虽然圣贤们不称道他们，后世也不看重他们，然而考察其为政的经历，确实没有一件是违背他们当初制定的谋略的。韩信劝汉高祖依靠天下武勇之士，以城邑封赐功臣，以准备东征去吸引那些盼望回故乡的武勇之士，以一纸文告就可以把三秦收服；攻下魏地之后，又请求举兵击燕、赵，向东击齐，南则断绝楚国的粮道，西边又在荥阳同项羽决战，直到最终灭掉楚国，没有一句话没有实现。邓禹到河北去见光武帝刘秀。他知道更始帝刘玄将不会有什么作为，劝说刘秀延揽人才，安定民心，建立汉高祖那样的大业，救万民之命。光武帝与他制定计划，终成大业。耿弇与光武帝同讨王郎，他愿意到幽州，增加精兵，平定彭宠，取张丰，收回了富平、获索，东攻张步，平定了齐地。光武帝常常以为耿弇性格孤僻，难与人合作，结果最后成了大功。诸葛亮认为曹操挟天子以令诸侯，难与他争锋；孙权据有江东，可以为后援而不可以图谋吞并他。荆州是个用武之地，益州有千里沃野，劝刘备占据荆、益二州，观察时局的变化，这样霸业可成，汉室可兴，等到南方平定，则表彰三军，率领他们北伐中原。以后基本上按这个策略进行。至于出师未胜诸葛亮就死了，那是天意呀！房玄龄拄着拐杖去见唐太宗，太宗任用他为记室。他便广泛搜集各种人才到秦王府，并与武将们密切合作，终于辅佐唐太宗建立大功业。以后当了宰相，各种号令典章，尽是他亲手制定的。虽然过了几百年，他制定的法令仍然起着治国的作用。王朴在周世宗手下为官，当时正是五代混乱的时候，王朴献上《平边策》，认为："后唐失去了吴地和蜀地，后晋失去了幽州、并州的地方，所以应当知道平定这些地方的策略。当今吴地容易获得，可攻击的地方有二千里，攻虚击弱，则所向无敌。江北各州，即可为国家所有。既得江北，江南也就不难平定了。获得吴地则广西、广东就可以臣服。四川一带，可送去檄文招降，若不降，就四面并进，席卷全川。吴、蜀平之后，幽州也会望风而降。只有并州是必须歼灭的敌人，寻找适当时机将其削平。"周世宗采用了他的计策，但还没完成，世宗便病故了。到了宋朝，扫平各方，先后次序，都没能超出王朴的预料。只有征伐幽州一事，兵已至城下，可是诸将攻城都未能成功。至于王安石当权，皇室对他言听计从，他身任天下之重，却仿效商鞅为人。凡是可以从老百姓身上获取的东西，没有不取的，以致给后世带来祸害，本文不讨论这个问题。

太史慈

三国当汉、魏之际，英雄虎争，一时豪杰志义之士，礌礌落落，皆非后人所能冀，然太史慈者尤为可称。慈少仕东莱本郡为奏曹吏，郡与州有隙，州章劾之，慈以计败其章，而郡得直。孔融在北海为贼所围，慈为求救于平原，突围直出，竟得兵解融之难。后刘繇为扬州刺史，慈往见之，会孙策至，或劝繇以慈为大将军。繇曰："我若用子义，许子将不当笑我邪？"但使慈侦视轻重，独与一骑，卒遇策，便前斗，正与策对，得其兜鍪。及繇奔豫章，慈为策所执，捉其手曰："宁识神亭时邪？"又称其烈义，为天下智士，释缚用之，命抚安繇之子，经理其家。孙权代策，使为建昌都尉，遂委以南方之事，督治海昏。至卒时，才年四十一，葬于新吴，今洪府奉新县也，邑人立庙敬事。乾道中封灵惠侯，予在西掖当制，其词云："神早赴孔融，雅谓青州之烈士。晚从孙策，遂为吴国之信臣。立庙至今，作民司命。揽一同之言状，择二美以建侯，庶几江表之间，尚忆神亭之事。"盖为是也。

【译文】

三国正当汉、魏交替之际，英雄龙争虎斗。一时间，豪杰志气之士，磊磊落落，都是后人比不上的。至于太史慈这人，尤其应当称颂。太史慈年少时在他故乡东莱郡为奏曹吏。当时郡守与州刺史有矛盾，州刺史上奏章弹劾郡太守。太史慈用计破坏了刺史的奏章，郡守得以无事。孔融在北海为郡太守时，被贼寇包围，太史慈为他往平原求救兵。他单身突出包围，终于搬来救兵解了孔融之难。后刘繇为扬州刺史，太史慈前往求见，恰好孙策的军队到了，有人劝刘繇以太史慈为大将军，刘繇说："我若用子义，许子将不就会笑我吗？"只使太史慈独自前往侦察情况，结果与孙策在神亭相遇，便打起来了，与孙策正好打个平手，并夺得孙策的头盔回来。后来刘繇逃奔豫章，太史慈被孙策擒获。孙策握着他的手说："还记得神亭的事吗？"又称赞他忠义勇烈，为天下的智能之士。亲手为他松绑，命他去安抚刘繇之子，管理刘繇的家庭。孙权替代孙策后，任他为建昌都尉，于是委派他管理吴国南方的军政事务，督治于海昏。到他死时，才四十一岁，葬在新吴，即今洪府奉新县。当地人为他盖了一座庙来祭祀他。宋孝宗乾道年间，封他为灵惠侯。当时我在中书省起草文书，其词说："太史慈早年赴孔融之难，可称是青州的烈士。晚年跟随孙策，于是成为吴国的信义之臣。立庙至今，是老百姓的司命星。鉴于你一贯的言状，用封侯建庙二件事来敬奉，这样一来长江流域一带，都能记得神亭大战的壮烈。"就是指神亭一事而言。

汉文帝受言

汉文帝即位十三年，齐太仓令淳于意有罪当刑，其女缇萦，年十四，随至长安，上书愿没入为官婢，以赎父刑罪。帝怜悲其意，即下令除肉刑。丞相张苍、御史大夫冯敬，议请定律，当斩右止者反弃市，笞者杖背五百至三百，亦多死，徒有轻刑之名，实多杀人。其三族之罪，有不乘时建明，以负天子德意，苍、敬可谓具臣矣。史称文帝止辇受言。今以一女子上书，躬自省览，即除数千载所行之刑，曾不留难，然则天下事岂复有稽滞不决者哉？所谓集上书囊以为殿帷，盖凡囊封之书，必至前也。

【译文】

汉文帝即位第十三年，齐太仓令淳于意犯了罪，将受肉刑。他的女儿缇萦，才十四岁，随押解淳于意的差役一同到了长安，上书皇帝，自愿充当官婢，以换取父亲免受肉刑。文帝怜悯她的孝顺，下令废除肉刑。丞相张苍、御史大夫冯敬商议，请求重新制定刑律。结果，本只砍去右脚的反而被改为死刑，而笞刑打脊背达到三百至五百棍，犯人大多被打死，空有减轻肉刑的名义，实际上杀的人更多了。至于株连三族的大罪，又不乘着重新制定律令时改变确定，辜负了皇帝怜惜犯人的好意。张苍和冯敬可以说是徒有其名的大臣。历史上称道文帝停下车来听取百姓的意见，当时一个女子上书，他能亲自批阅，并因此立即废除数千年来所施行的肉刑，没有一点犹豫。如果这样处理天下事，还有什么事会拖拉不决的呢？传说汉文帝时将上书的封袋收集起来，连缀成帐幔，看来只要是有封袋的上书都会送到他的面前。

朱云　陈元达

朱云见汉成帝，请斩马剑断张禹首。上大怒曰："罪死不赦。"御史将云下，云攀殿槛，槛折，御史遂将云去。辛庆忌叩头以死争，上意解，然后得已。及后当治槛，上曰："勿易。因而辑（辑与集同，谓补合也）之，以旌直臣。"刘聪为刘后起鹍仪殿，陈元达谏，聪怒，命将出斩之，时在逍遥园李中堂，元达先锁腰而入，即以锁绕堂下树，左右曳之不能动。刘氏闻之，私敕左右停刑。手疏切谏，聪乃解，引元达而谢之，易园为纳贤园，堂为愧贤堂。两人之事甚相类，云之免于死，由庆忌即时争救之故，差易为力。若元达之命在须臾间，聪之急暴且盛怒，何暇延留数刻而容刘氏得以草疏乎？脱使就刎其首，或令武士击杀亦可，何恃于锁腰哉？是

为可疑也。成帝不易槛以旌云直,而不能命以一官,乃不若聪之待元达也。至今宫殿正中一间横槛,独不施栏楯,谓之折槛,盖自汉以来相传如此矣。

【译文】

朱云见汉成帝,请求成帝赐他斩马剑把张禹的脑袋割下来。成帝大怒说:"朱云罪死不赦。"御史将朱云拖下,朱云攀住殿中栏杆,直到栏杆折断,御史才将朱云拖下去。辛庆忌叩头以死相争,成帝的怒气稍微缓解,下令放了朱云。后来修理栏杆,成帝说:"不要换新的,将旧的修补一下,留下来以表彰正直敢谏的大臣。"十六国时,刘聪为他的皇后建鹍仪殿,陈元达劝谏,刘聪大怒,下令将陈元达拖出去斩首。当时在逍遥园的李中堂内,陈元达先用铁索锁住腰,然后将铁索绕在堂下的树上,左右侍卫拖他不动。刘皇后听说后,私下命令侍卫停刑,亲自写书劝谏,刘聪才平下气来,下令放了陈元达,并表示歉意,改逍遥园为纳贤园,李中堂为愧贤堂。两人的事情相类似。朱云免去一死,是由于辛庆忌及时争救,还比较容易。至于陈元达的性命已在须臾之间,当时刘聪性格暴躁而且十分愤怒,还有什么时间延留数刻而容刘氏去写奏疏呢?或许可以当场将其斩首,也可以命令武士将其击杀,何必因锁腰绕树而拖不动呢?这些记载值得怀疑。不过汉成帝不换栏杆以表彰直谏,但没有给朱云升一个官,这一点不如刘聪对待陈元达了。至今宫殿正中的一排栏杆,上面不加横木,称做折槛,这自汉代就相传沿袭下来了。

党锢牵连之贤

汉党锢之祸，知名贤士死者以百数，海内涂炭，其名迹章章者，并载于史。而一时牵连获罪，甘心以受刑诛，皆节义之士，而位行不显，仅能附见者甚多。李膺死，门生故吏并被禁锢。侍御史景毅之子，为膺门徒，未有录牒，不及于谴。毅慨然曰："本谓膺贤，遣子师之，岂可以漏籍苟安！"遂自表免归。高城人巴肃被收，自载诣县，县令欲解印绶与俱去，肃不可。范滂在征羌，诏下急捕。督邮吴导至县，抱诏书，闭传舍，伏床而泣。滂自诣狱，县令郭揖大惊，出解印绶，引与俱亡。滂曰："滂死则祸塞，何敢以罪累君！"张俭亡命，困迫遁走，所至，破家相容。其所经历，伏重诛者以十数，复流转东莱，上李笃家。外黄令毛钦操兵到门，笃谓曰："张俭亡非其罪，纵俭可得，宁忍执之乎？"钦抚笃曰："蘧伯玉耻独为君子，足下如何自专仁义？"叹息而去。俭得免。后数年，上禄长和海上言："党人锢及五族，非经常之法。"由是自从祖以下，皆得解释。此数君子之贤如是，东汉尚名节，斯其验欤？

【译文】

东汉党锢之祸，知名的贤士被处死的数以百计，全国陷入极大的灾难。其中事迹卓著的知名人士都载入史册。而一时受到牵连，甘心受刑的都是一些有气节的忠义之士，其中职务不高、知名度不显的，只能附见于著名人物的传记之中。李膺死，他的门生故吏都被禁锢。侍御史景毅的儿子，也是李膺的门徒，因为没有登记在册，故未受到牵连，景毅感慨说："本想到李膺是贤者，故让自己的儿子拜他为师，怎么能因漏载入册而苟安偷生呢？"于是自己上表辞职还家。高城人巴肃被列入逮捕名单，他自己跑到县里投案，县令想丢下印绶，与巴肃一同逃走，巴肃不同意。范滂在征羌，皇帝已下诏立即逮捕他。督邮吴导到了县里后，心中不忍，抱着诏书，紧关着驿馆的房门，趴在床上哭泣。范滂自己跑到县监狱，县令郭揖大吃一惊，解下自己的官印绶带，要与他一同逃亡。范滂说："我范滂一死，这场灾祸就平息了，怎么能让你也惹上一身罪呢？"张俭逃命，东奔西跑，所到一处，人们都是冒着家破人亡的危险来收留他。其所住过的人家，被处以死刑的就有数十家，后又流转至东莱，到了李笃家。当时外黄县令毛钦带兵至李笃之门，李笃对毛钦说："张俭并没有罪，即使能把他抓获，难道你忍心去逮捕他吗？"毛钦轻轻按着李笃说："蘧伯玉羞愧于一个人作君子，先生为什么要独自占有仁义呢？"叹息着走了。张俭因此免受逮捕。后来数年，担任上禄县令的和海上奏劝告皇帝说："党人被禁锢达五族，捕人太多，这不是长治久安的法规。"由此，自堂祖父以下的旁支亲属才得释放。上述数位君子如此贤德，东汉崇尚名节，这难道不是好的例证吗？

田横　吕布

田横既败，窜居海岛中。高帝遣使召之，曰：“横来，大者王，小者乃侯耳。”横遂与二客诣洛阳。将至，谓客曰：“横始与汉王俱南面称孤，今汉王为天子，而横乃为亡虏，北面事之，其愧固已甚矣！”即自刭。横不顾王侯之爵，视死如归，故汉祖流涕称其贤，班固以为雄才。韩退之道出其墓下，为文以吊曰：“自古死者非一，夫子至今有耿光。”其英烈凛然，至今犹有生气也。

吕布为曹操所缚，将死之际，乃语操曰：“明公之所患，不过于布，今已服矣。令布将骑，明公将步，天下不足定也。”操竟杀之。布之材未必在横下，而欲忍耻事仇。故东坡诗曰：“犹胜白门穷吕布，欲将鞍马事曹瞒。”盖笑之也。

刘守光以燕败，为晋王所擒，既知不免，犹呼曰：“王将复唐室以成霸业，何不赦臣使自效？”此又庸奴下才，无足责者。

【译文】

田横兵败以后，率领残兵逃到海岛上去。汉高祖派遣使者去招降他，说："田横若来，说大了可以封王，说小了也可以封为侯爵。"田横就与二位门客向洛阳进发。快要到达的时候，田横对门客说："我过去与汉王都南面称君，现在汉王当了天子，我则成了逃亡的俘虏，要面北向他叩头称臣，这实在是一件十分羞耻的事！"于是拔剑自杀了。田横不屑于王侯爵位，视死如归，因此汉高祖流泪称他为贤者，班固则认为田横是一个雄才。韩愈路过田横墓时，曾写文章予以吊唁，其文为："自古以来死去的人不知有多少，而您的死则至今发射着耿耿的光芒。"田横的那种英烈凛然气节，至今还有着令人振奋的豪气。

吕布被曹操所擒，将死之际对曹操说："您一生所害怕担心的人，没有超过我吕布的，我今天愿意服从您。若让我带领一支骑兵，您统领步兵，则天下就不难平定了。"最后曹操还是将他杀了。吕布的才能未必在田横之下，而竟要忍受耻辱，效事仇敌。故苏东坡写诗说："犹胜白门穷吕布，欲将鞍马事曹瞒。"这是嘲笑吕布。

五代时后梁的刘守光自称燕王，后失败，为晋王石敬瑭所擒获。他既自知难免一死，但还是哀求石敬瑭说："大王将恢复唐室以成霸业，为什么不能赦免小臣之罪呢？"此人是个庸俗无行的下等之人，根本不值得去责难他。

盗贼怨官吏

陈胜初起兵，诸郡县苦秦吏暴，争杀其长吏以应胜。晋安帝时，孙恩乱东土，所至醢诸县令以食其妻子，不肯食者辄支解之。隋大业末，群盗蜂起，得隋官及士族子弟皆杀之。黄巢陷京师，其徒各出大掠，杀人满街，巢不能禁，尤憎官吏，得者皆杀之。宣和中，方腊为乱，陷数州，凡得官吏，必断脔支体，探其肺肠，或熬以膏油，丛镝乱射，备尽楚毒，以偿怨心。杭卒陈通为逆，每获一命官，亦即枭斩。岂非贪残者为吏，倚势虐民，比屋抱恨，思一有所出久矣，故乘时肆志，人自为怒乎？

【译文】

陈胜刚起兵造反时，各郡县都因深受秦朝官吏的残暴统治，争先恐后杀死地方官吏以响应陈胜。晋安帝时，孙恩于浙东造反，所到之处，就将县令剁成肉酱让县令的老婆孩子吃，不肯吃就肢解他们的身体。隋朝大业末年，各地起义蜂拥而起，捉得隋朝官吏及士族子弟都杀掉。黄巢攻陷京师长安，他的徒众四出大肆抢掠，满街杀人，黄巢不能禁止。他们尤其憎恨唐朝官吏，捉到后就杀掉。宋徽宗宣和年间，方腊造反，攻陷数州，凡捉到官吏，必定将肢体切成小块，挖出肺肠，或熬成油膏，有的用乱箭射死，备尽痛苦，以发泄他们的仇怨。杭州陈通造反，每捕获一朝廷命官，立即枭首示众。这难道不是贪残之人为官后，倚势残害人民，以致家家怨恨，想出冤气的思想早已产生，所以乘此机会大肆报复，人人泄怒吗？

汉举贤良

汉武帝建元元年，诏举贤良方正直言极谏之士。丞相绾奏："所举贤良，或治申、商、韩非、苏秦、张仪之言，乱国政，请皆罢。"奏可。是时，对者百馀人，帝独善庄助对，擢为中大夫。后六年，当元光元年，复诏举贤良，于是董仲舒等出焉。《资治通鉴》书仲舒所对为建元。按策问中云："朕亲耕籍田，劝孝弟，崇有德，使者冠盖相望，问勤劳，恤孤独，尽思极神。"对策曰："阴阳错谬，氛气充塞，群生寡遂，黎民未济。"必非即位之始年也。

【译文】

汉武帝建元元年，下诏各地举荐贤良、方正、直言极谏之士。丞相卫绾上奏说："所举荐的贤良，有的是研究申不害、商鞅、韩非的法家学说，有的是研究苏秦、张仪的纵横学说，惑乱国政，请将这些人斥退。”武帝批准卫绾的上奏。当时，对策的有百余人，武帝独称赞庄助的对策，破格提拔他为中大夫。过了六年，即元光元年，又下诏举荐贤良，于是董仲舒等人脱颖而出。《资治通鉴》记载董仲舒对策时是建元初期。根据策问中汉武帝所说：“朕亲自去主持耕地的仪式，勉励大家孝敬父母，敬爱兄长，尊敬有品德的人。派出大批官员，慰问勤劳耕种的人，抚恤孤寡，竭思尽神。”董仲舒对策说：“阴阳交错，雾气充塞，生民之中很少有遂心愿的，黎民百姓未能得到安居乐业。”从记载来看，必定不是在武帝即位的那一年进行的。

大义感人

理义感人心，其究至于浃肌肤而沦骨髓，不过语言造次之间，初非有怪奇卓诡之事也。

楚昭王遭吴阖闾之祸，国灭出亡，父老送之，王曰："父老返矣，何患无君！"父老曰："有君如是其贤也！"相与从之，或奔走赴秦，号哭请救，竟以复国。

汉高祖入关，召诸县豪杰曰："父老苦秦苛法久矣，吾当王关中，与父老约法三章耳。凡吾所以来，为父兄除害，非有所侵暴，毋恐！"乃使人与秦吏行至县乡邑，告谕之，秦民大喜。已而项羽所过残灭，民大失望。刘氏四百年基业定于是矣。

唐明皇避禄山乱，至扶风，士卒颇怀去就，流言不逊，召入谕之曰："朕托任失人，致逆胡乱常，须远避其锋。卿等仓卒从朕，不得别父母妻子，朕甚愧之。今听各还家，朕独与子弟入蜀，今日与卿等诀。归见父母及长安父老，为朕致意。"众皆哭曰："死生从陛下。"自是流言遂息。

贼围张巡于雍丘，大将劝巡降，巡设天子

画像，帅将士朝之，人人皆泣。巡引六将于前，责以大义而斩之，士心益劝。

河北四凶称王，李抱真使贾林说王武俊，托为天子之语，曰："朕前事诚误，朋友失意，尚可谢，况朕为四海之主乎？"武俊即首唱从化。及奉天诏下，武俊遣使谓田悦曰："天子方在隐忧，以德绥我，何得不悔过而归之？"

王庭凑盗据成德，韩愈宣慰，庭凑拔刃弦弓以逆。及馆，罗甲士于廷。愈为言安、史以来逆顺祸福之理，庭凑恐众心动，麾之使出，讫为藩臣。

黄巢伪赦至凤翔，节度使郑畋不出，乐奏，将佐皆哭。巢使者怪之，幕客曰："以相公风痹不能来，故悲耳。"民间闻者无不泣，畋曰："吾固知人心尚未厌唐，贼授首无日矣。"旋起兵率倡诸镇，以复长安。

田悦以魏叛，丧师遁还，亦能以语言动众心，誓同生死。乃知陆贽劝德宗痛自咎悔，以言谢天下，制书所下，虽武人悍卒，无不感动流涕，识者知贼不足平。

凡此数端，皆异代而同符也。国家靖康、建炎之难极矣，不闻有此，何邪？

【译文】

道义可以感动人心，甚至可以渗入肌肤和骨髓。不过有时是仓促之间说的话,起初并非有什么奇异高深的论述,但最后起到了这种作用。

楚昭王遭受吴王阖闾的灾祸,国家灭亡,被迫出逃。父老送行时,昭王说:“父老们请回吧,不要担心没有国君来统治你们。”父老说:“哪有像你这样贤明的国君啊!”跟着他出逃,有的奔走至秦国,号哭求救,最终复国了。

汉高祖入关中后,召集各县的豪杰说:“父老们受秦朝苛酷刑罚的残害已经很久了,我现在为关中王,与父老们相约定下三条法律(杀人偿命,伤人及盗窃抵罪)。我之所以入关,是为父兄除害,不会侵犯残害你们,不要害怕。”并派人与秦朝的官吏到各郡县乡邑,宣传解释,秦朝百姓大喜。不久,项羽入关,所过之处,百姓都受到残害,百姓大失所望。刘氏四百年基业就此奠定了基础。

唐明皇为躲避安禄山的叛乱,逃跑到了扶风,士兵中想逃走的人不少,谣言四起,对唐明皇也颇有议论。唐明皇召集士兵说:“我用人不当,招致胡人安禄山造反,我必须远走四川以避开他的锋芒。你们都是在仓促之时跟随我,来不及告别父母妻子,我深感惭愧。现在听任你们回家,我只与自己的儿子们去四川好了。今天与各位相别,你们回去后见到你们的父母以及长安的父老,请代我向他们致意问好。”士兵都哭着说:“死生都要跟随陛下。”之后流言就止了。

安禄山的叛军围困张巡驻守的雍丘城,大将劝张巡投降,张巡设立唐明皇的画像,率领将士朝拜,人人哭泣。张巡把劝降的六个大将带到皇帝像前,指责他们没有忠孝大义,并全部斩首,守城将士的抗敌决心得到极大的鼓舞。

唐德宗时,河北有四个节度使叛乱称王,李抱真派贾林劝说王武俊,并假托皇帝的话说:“朕以前处理的事情确实有失误之处,朋友之间有隔阂,还可以道歉解决,何况我还是四海之主呢?”于是王武俊首先倡议归顺。等到皇帝在奉天下诏，王武俊派遣使臣对田悦说：“皇帝正在忧虑之中，但还用恩德安抚我们，我们为什么还不悔过自新归顺朝廷呢？”

王庭凑盗据成德，韩愈奉命去安抚，王庭凑拔剑张弩以迎韩愈。在馆舍安顿下来后，罗列甲士于庭堂。韩愈对他们讲述安史之乱以来背叛归顺朝廷的祸福之理，王庭凑担心军心动摇，挥手让士兵们出去，最终王庭凑还是成为了唐朝的藩臣。

黄巢占领长安后，所发布的赦令传到了凤翔，节度使郑畋不出来接受，当音乐奏起时，将领们都哭了。黄巢派来传达赦令的使者很奇怪，郑畋的幕僚说：“因为大人的风湿病犯了，不能来接受赦令，故大家都感到悲伤。”民间听说此事者无不流泪，郑畋说：“我深知人心并未厌恶唐朝，贼人们授首就擒的日期不远了。”随即起兵，并发动各藩镇的军队，共同收复了长安。

田悦占据魏州反叛，并称魏王，打了败仗逃回魏州，也能以语言打动众人之心，使众人发誓与他同生死。也可知陆贽劝德宗痛自咎悔，用真诚的语言向天下谢罪。诏书发出后，即使是武夫悍卒，也无不感动流涕，有识之士由此知道叛乱不难平定。

以上几件事，发生的时代不同，但结果相同。宋朝靖康、建炎之难惨极了，但没有听说有上述那样用道理和正义来感化人的事，这是为什么呢？

萧何先见

韩信从项梁，居戏下，无所知名。又属羽，数以策干羽，羽弗用，乃亡归汉。陈平事项羽，羽使击降河内，已而汉攻下之。羽怒，将诛定河内者。平惧诛，乃降汉。信与平固能择所从，然不若萧何之先见。何为泗水卒史事，第一。秦御史欲入言召何，何固请，得毋行。则当秦之未亡，已知其不能久矣，不待献策弗用，及惧罪且诛，然后去之也。

【译文】

韩信跟随项梁时，只是其部下的一名小吏，没有一点名气。后隶属项羽，多次为项羽出谋划策，项羽均不采用，于是逃到刘邦那里。陈平开始也在项羽下面做事，项羽派人领兵进攻河内，但河内被刘邦抢先攻下来了。项羽愤怒，要诛杀进攻河内的人，陈平恐惧被诛，就投降了刘邦。韩信与陈平固然选择了应该跟从的人，但不如萧何那样有先见之明。萧何担任泗水卒史事，政绩第一，当时秦朝御史欲向朝廷进言征调萧何，萧何一再推辞，才没有成行。这就是说，当秦朝未亡时，他已预知其不能长久，不等献计策不被采用，或者有罪将要被杀头时，才仓惶逃离。

汉武留意郡守

汉武帝天资高明，政自己出，故辅相之任，不甚择人，若但使之奉行文书而已。其于除用郡守，尤所留意。庄助为会稽太守，数年不闻问，赐书曰："君厌承明之庐，怀故土，出为郡吏。间者，阔焉久不闻问。"吾丘寿王为东郡都尉，上以寿王为都尉，不复置太守，诏赐玺书曰："子在朕前之时，知略辐凑，及至连十馀城之守，任四千石之重，职事并废，盗贼从横，甚不称在前时，何也？"汲黯拜淮阳太守，不受印绶，上曰："君薄淮阳邪？吾今召君矣，顾淮阳吏民不相得，吾徒得君重，卧而治之。"观此三者，则知郡国之事无细大，未尝不深知之，为长吏者常若亲临其上，又安有不尽力者乎？惜其为征伐，奢侈所移，使民间不见德泽，为可恨耳！

【译文】

汉武帝天资聪明，重大政务由他亲自决定，因此对辅政的宰相人选，不很注重，似乎只是让他们奉行文书而已。但对于任用郡太守，武帝却十分留意。庄助为会稽太守，数年无善政传京师，武帝赐书说："你厌倦京师的住宅，怀恋故土，出任郡守。转眼间，我已经很久没有得到你的问讯了。"吾丘寿王任东郡都尉，武帝因为寿王担任都尉，就没有再置太守，下诏赐玺书说："你在我面前时，足智多谋，但当你担任十余座城池的管理职责，肩负着郡太守、都尉两项重任时，政事荒废，盗贼横行，这与以前的表现极不相称，为什么呢？"汲黯被任命为淮阳太守，他不愿接受这一官职。武帝对他说："你是看不起淮阳太守这个官职吗？我今天征召你，是看到目前淮阳的官民关系很不融洽，所以特意要借重你的威名，卧而治之。"观此三件事，则知郡国的事情无论大小，武帝都十分熟悉，做地方官的常常感到皇帝就在眼前，又怎能不尽心尽力去做呢？可惜武帝后来为对外征战、对内奢侈腐化迷住了心窍，使老百姓看不到他的恩泽，实为可惜啊！

名将晚谬

自古威名之将，立盖世之勋，而晚谬不克终者，多失于恃功矜能而轻敌也。关羽手杀袁绍二将颜良、文丑于万众之中。及攻曹仁于樊，于禁等七军皆没，羽威震华夏，曹操议徙许都以避其锐，其功名盛矣。而不悟吕蒙、陆逊之诈，竟堕孙权计中，父子成禽，以败大事。

西魏王思政镇守玉壁，高欢连营四十里攻围之，饥冻而退。及思政徙荆州，举韦孝宽代己，欢举山东之众来攻，凡五十日，复以败归，皆思政功也。其后欲以长社为行台治所，致书于崔猷，猷曰："襄城控带京洛，当今要地，如其动静，易相应接。颍川邻寇境，又无山川之固，莫若顿兵襄城，而遣良将守颍川，则表里俱固，人心易安，纵有不虞，岂足为患。"宇文泰令依猷策，思政固请，且约，贼水攻期年、陆攻三年之内，朝廷不烦赴救。已而陷于高澄，身为俘虏。

慕容绍宗挫败侯景，一时将帅皆莫及，而攻围颍川，不知进退，赴水而死。

吴明彻当陈国衰削之馀，北伐高齐，将略人才，公卿以为举首，师之所至，前无坚城，数月之

间，尽复江北之地。然其后攻周彭城，为王轨所困，欲遏归路。萧摩诃请击之，明彻不听，曰："搴旗陷陈，将军事也，长算远略，老夫事也。"一旬之间，水路遂断。摩诃又请潜军突围，复不许，遂为周人所执，将士三万皆没焉。此四人之过，如出一辙。

【译文】

自古以来，威名远震、立盖世战功的将军，于晚年出现失误且不能善终的多是由于恃功骄矜轻敌之故。关羽手杀袁绍二将颜良、文丑于万众之中，后在樊城攻打曹仁，于禁等七军被他消灭，关羽威震华夏，曹操曾打算迁离许都以避开他的锋芒。他的功名可以说是鼎盛了。而他没有识破吕蒙、陆逊的欺诈，竟堕入孙权的诡计之中，父子均被擒获，败坏了蜀汉的大业。

西魏王思政镇守玉壁时，高欢连营四十里围攻他，因饥饿寒冷而退兵，及思政移镇荆州，他推举韦孝宽代替自己，高欢率领山东之众来攻打，虽时达五十余日，最后失败而归，都是王思政的功劳。后来他打算以长社为行台治所，特意给崔猷写了一封信，崔猷说："襄城控制京师洛阳，是当今的重要军事要地，如有动静，容易互相接应，颍川靠近敌境，又无山川之险以为屏障，不如驻兵襄城，而派遣一名良将守颍川，这样表里俱坚固，人心易安，即使有不曾意料之事发生，也没有什么可担心的。"宇文泰下令按崔猷的计策办，但王思政坚持请求，而且保证，敌人水攻一年、陆攻三年之内，不麻烦朝廷派兵救援。不久，陷入东魏高澄的包围，王思政自己也做了俘虏。

慕容绍宗挫败侯景，一时的将帅都不能与他相比，而他后来围攻颍川，则进退失据，最后赴水自杀而死。

吴明彻当陈朝衰削之际，北伐高齐。他的将略与才能，公卿一致认为是首屈一指，他的军队所及，前面无坚守之城，数月之间，尽将长江以北的土地收复。但后来攻打北周的彭城，为周将王轨所围困。王轨欲切断他的归路。萧摩诃请带兵攻击，吴明彻不听，说："拔去敌军大旗攻克阵地是将军的责任，运筹谋划是老夫的责任。"十天之间，水路被截断。萧摩诃又请求潜军突围，还是不允许，于是为周人所擒，将士三万全军覆没。这四人的过错，如出一辙。

妇人英烈

妇人女子，婉娈闺房，以柔顺静专为德，其遇哀而悲，临事而惑，蹈死而惧，盖所当然尔。至于能以义断恩，以智决策，斡旋大事，视死如归，则几于烈丈夫矣。

齐滑王失国，王孙贾从王，失王之处。其母曰："汝朝出而晚来，则吾倚门而望；汝暮出而不还，则吾倚闾而望。汝今事王，不知王处，汝尚何归？"贾乃入市，呼市人攻杀淖齿，而齐亡臣相与求王子立之，卒以复国。马超叛汉，杀刺史、太守，凉州参军杨阜出见姜叙于历城，与议讨贼。叙母曰："韦使君遇难，亦汝之负，但当速发，勿复顾我。"叙乃与赵昂合谋。超取昂子月为质，昂谓妻异曰："当奈月何？"异曰："雪君父之大耻，丧元不足为重，况一子哉！"超袭历城，得叙母，母骂之曰："汝背父杀君，天地岂久容汝，敢以面目视人乎？"超杀之，月亦死。

晋卞壶拒苏峻，战死，二子随父后，亦赴敌而亡。其母拊尸哭曰："父为忠臣，子为孝子，夫何恨乎！"

秦苻坚将伐晋，所幸张夫人引禹、稷、汤、

武事以谏曰："朝野之人，皆言晋不可伐，陛下独决意行之？"坚不听，曰："军旅之事，非妇人所当预也。"

刘裕起兵讨逆，同谋孟昶谓妻周氏曰："我决当作贼，幸早离绝。"周氏曰："君父母在堂，欲建非常之谋，岂妇人所能谏。事之不成，当于奚官中奉养大家，义无归志也。"昶起，周氏追昶坐，曰："观君举措，非谋及妇人者，不过欲得财物耳。"指怀中儿示之曰："此儿可卖，亦当不惜！"遂倾赀以给之。何无忌夜草檄文，其母，刘牢之姊也，登橙密窥之，泣曰："汝能如此，吾复何恨！"问所与同谋者，曰："刘裕。"母尤喜，因为言举事必有成之理以劝之。

窦建德救王世充，唐拒之于虎牢。建德妻曹氏劝使乘唐国之虚，西抄关中，唐必还师自救。建德曰："此非女子所知。"

李克用困于上源驿，左右先脱归者，以汴人为变告其妻刘氏，刘神色不动，立斩之，阴召大将约束，谋保军以还。克用归，欲勒兵攻汴，刘氏曰："公当诉之于朝廷，若擅举兵相攻，天下孰能辨其曲直？"克用乃止。

黄巢死，时溥献其姬妾。僖宗宣问曰："汝曹皆勋贵子女，何为从贼？"其居首者对曰："狂贼凶逆，国家以百万之众，失守宗祧。今陛下以不能拒贼，责一女子，置公卿将帅于何地乎？"

上不复问，戮之于市。馀人皆悲怖昏醉，独不饮不泣，至于就刑，神色肃然。

唐庄宗临斩刘守光，守光悲泣哀祈不已，其二妻李氏、祝氏谯之曰："事已如此，生复何益？妾请先死。"即伸颈就戮。

刘仁赡守寿春，幼子崇谏夜泛舟渡淮北，仁赡命斩之。监军使求救于夫人，夫人曰："妾于崇谏，非不爱也，然军法不可私，若贷之，则刘氏为不忠之门矣。"趣命斩之，然后成丧。

王师围金陵，李后主以刘澄为润州节度使，澄开门降越。后主诛其家，澄女许嫁未适，欲活之。女曰："叛逆之馀，义不求生。"遂就死。

此十馀人者，义风英气，尚凛凛有生意也。虽载于史策，聊表出之。至于唐高祖起兵太原，女平阳公主在长安，其夫柴绍曰："尊公将以兵清京师，我欲往，恐不能偕，奈何？"主曰："公往矣！我自为计。"即奔鄠，发家赀招南山亡命，谕降群盗，申法誓众，勒兵七万，威振关中，与秦王会渭北，分定京师。此其伟烈，又非他人比也。

【译文】

妇人小姐，在闺房里打扮得婉丽娇美，以柔顺静专为美德，遇到哀痛之事就感到悲伤泪下，碰上大事就茫然失措，面对死亡就魂飞魄散，这都是理所当然的。如果她们能够以道义斩断恩爱，以智谋决定策略，斡旋大事，视死如归，这就可与壮烈的丈夫相比了。

齐湣王失掉了国家，逃亡在外，王孙贾是湣王的侍臣，却不知他的去向。其母说："你早晨出去，晚上回来迟了，我就靠在门边望你回家；你晚上出去不回来，我就靠在巷子里望你回家。你今侍奉湣王，却不知湣王去哪里了，你何必还要回家呢？"王孙贾就跑到市场去寻找，号召市人攻杀楚将淖齿，流亡在外的齐国大臣纷纷寻求湣王子孙而立为王，最终恢复了齐国。

马超背叛汉朝，杀刺史、太守。凉州参军杨阜前往历城见姜叙，商议讨伐马超。叙母说："韦使君遇难，你是有责任的，你只管迅速发兵，不要惦记我。"姜叙乃与赵昂合谋讨伐马超。马超扣留了赵昂的儿子赵月作人质，赵昂对妻子异说："儿子怎么办？"异说："为君父雪仇报恨，身死家灭也算不了什么，何况是一个儿子呢？"马超袭击历城，获得了姜叙之母，其母骂马超说："你背父杀君，天地岂能长久容你，你有何面目见世人呢？"马超将叙母杀死，赵月也被杀害。

东晋卞壸抗拒苏峻，战死，两个儿子紧随父后，也阵亡于疆场。其母抚尸痛哭说："父亲是忠臣，儿子是孝子，我还有什么值得遗憾的呢？"

前秦苻坚准备征伐东晋，他所宠爱的张夫人引用禹、后稷、商汤、周武王的故事劝谏说："朝廷内外的人都说东晋不可伐，唯独陛下要决意这样做吗？"苻坚不听，说："军国大事，不是妇人可以参与的。"

刘裕起兵讨伐桓玄，同伙孟昶对妻子周氏说："我已决心起兵反对桓玄，为了不连累你，希望我们早日离婚。"周氏说："您父母在家，想建立非常之谋，岂是我妇人所能劝谏的。假若事情不成功，我在被没为奴隶后，也要奉养您的父母，我决无离婚之打算。"孟昶站起来要走，周氏追上去，要他重新坐下，说："察看您的举措，并非要同我妇道人家谋议，您不过是缺少经费，想获得财物而已。"指着怀中的儿子说："就是卖掉怀中的儿子也在所不惜。”于是将所有的家资都给了孟昶。何无忌夜里起草檄文，何母是刘牢之的姊妹，登梯秘密窥见了儿子写的檄文，流着泪说：“你能这样，我还有什么遗憾！”问同谋起事的是些什么人，何无忌说还有刘裕，母亲更喜，并且给他说了许多举事必定能成功的道理，进一步坚定了何无忌的意志。

窦建德救援王世充，唐兵在虎牢关拦截他。窦建德妻曹氏劝他乘唐朝京师空虚，西抄关中，唐朝必定回师自救，而王世充之围可缓解。而窦建德却说：“这种事不是你们妇人搞得清的。”

李克用被朱温困于汴州的上源驿，他身边先逃回去的人告诉李克用的妻子刘氏说：汴兵发生变乱。刘氏不动声色，立即将逃归人斩首，秘召大将约束自己的士兵，设法全军撤回。李克用归来，打算率兵攻打汴州，刘氏说：“您当投诉于朝廷，假若擅自发兵相攻，天下怎能辨别其中的是非曲直呢？”李克用才未采取行动。

黄巢死后，时溥将黄巢的妻妾献给朝廷。僖宗问她们说：“你们都是勋贵人家的子女，为何要跟从贼人呢？”其为首的一个回答说：“狂贼凶逆，国家以百万之众，居然失守京师宗庙。今陛下责问一个女子，将置将帅公卿于何地呢？”僖宗不复问，斩戮于市。其他人都悲伤恐怖喝得烂醉，唯独这妇人不吃不哭，直到就刑，神色肃然。

唐庄宗临斩刘守光，守光悲泣哀求不已，他的两位妻子李氏与祝氏责备他说：“事已至此，不死又有什么益处？妾请先死。”随即伸颈就戮。

刘仁赡驻守寿春，幼子刘崇谏夜里驾船渡到淮北，仁赡下令将幼子斩首，监军使求救于刘夫人，夫人说：“妾对于崇谏，能不爱吗？然而军法不徇私情，若赦免他，则刘氏为不忠之门了。”催促快斩，然后发丧。

宋朝军队围攻金陵，李后主以刘澄为润州节度使，刘澄开门向吴越投降。后主杀了他全家，刘澄有个女儿已经定亲还未出嫁，欲赦免她。刘女说："叛逆的后代，于义不应再活下去。"遂主动求死。

以上十余人，义风英气至今尚能感动人。虽然在史书中都有记载，特将其提出予以表彰。至于唐高祖起兵于太原，其女平阳公主在长安，其丈夫柴绍说："你父亲将领兵清除京师的乱臣，我要随同去，恐你不能同走，怎么办？"公主说："您去吧，我自有办法。"遂奔往鄠，用家资招募去南山逃命的百姓为军队，又劝降群盗，申明法令，军队很快发展到七万人，威震关中，后与秦王李世民会师渭北，分定京师。平阳公主之伟烈，当然不是他人可以比拟的。

唐二帝好名

唐贞观中，忽有白鹊营巢于寝殿前槐树上，其巢合欢如腰鼓。左右拜舞称贺，太宗曰：“我常笑隋炀帝好祥瑞，瑞在得贤，此何足贺？”乃命毁其巢，放鹊于野外。明皇初即位，以风俗奢靡，制乘舆服御金银器玩，令有司销毁，以供军国之用。其珠玉锦绣焚于殿前，天下毋得复采织，罢两京织锦坊。予谓二帝，皆唐之明主，所言所行，足以垂训于后，然大要出于好名。鹊巢之异，左右从而献谀，叱而去之可也，何必毁其巢？珠玉锦绣，勿珍而尚之可也，何必焚之殿前，明以示外，使家至户晓哉！治道贵于执中，是二者惧不可以为法。其后杨贵妃有宠，织绣之工，专供妃院者七百人，中外争献器服珍玩。岭南经略使张九皋、广陵长史王翼，以所献精靡，九皋加三品，翼入为户部侍郎，天下从风而靡，明皇之始终，一何不同如此哉！

【译文】

唐太宗贞观年间，一天忽然有一只白鹊在寝殿前的槐树上筑巢，其巢合抱成腰鼓的形状。左右大臣拜舞道贺，唐太宗说：“我常嘲笑隋炀帝迷信祥瑞之兆，真正的祥瑞是获得贤才，这种事有什么值得祝贺的？”命令把巢毁掉，将鹊放到野外去了。唐明皇初即位，认为风俗奢靡，凡是用金银制造或装饰的马车、服饰以及各种器玩，下令有司销毁，以供军国之用。其珠玉锦绣焚烧于殿前，天下不得再织丝绸，关闭两京的织锦坊。我说这二位皇帝，都是唐朝的英明君主，所言所行，足以垂训于后世。然而从这两件事看，其目的是要获取名声。鹊巢虽然奇异，左右大臣竞相阿谀，斥退他们就可以了，何必要毁掉鹊巢呢？珠玉锦绣，不珍视推崇就可以了，何必焚烧于殿前，使外面家喻户晓呢？治理国家贵在不偏不倚，不做过头事，这两件事不足为后人效法。其后杨贵妃有宠，专门为她服务的织工就有七百人，朝廷内外竞相献上各种器物服饰和珍贵的玩赏物。岭南经略使张九皋、广陵长史王翼，以所贡献的物品精致，张九皋官加三品，王翼入朝担任户部侍郎，于是天下风靡。唐明皇的前后表现为何如此不同呢！

醉尉亭长

李广免将军为庶人，屏居蓝田，尝夜从一骑出，从人田间饮，还至亭，霸陵尉醉呵止广。后广拜右北平太守，请尉与俱，至军而斩之，上书自陈谢罪，武帝报曰："报忿除害，朕之所图于将军也。"王莽窃位，尤备大臣抑夺下权，大司空士夜过奉常亭，亭长呵之，告以官名，亭长醉曰："宁有符传邪！"士以马箠击亭长，亭长斩士，亡，郡县逐之。家上书，莽曰："亭长奉公，勿逐。"大司空王邑斥士以谢。予观此两亭尉长，其醉等耳。霸陵尉但呵止李广，而广杀之，武帝不问，奉常亭长杀宰士，而王莽反以奉公免之，亦可笑也。

【译文】

西汉李广被罢免将军职务，成为庶民百姓，退居蓝田，曾于晚上与一随从骑马外出，与随从在田间饮酒，返回霸陵亭时，霸陵尉因喝醉了酒大声呵斥李广，阻止他前行。后李广拜授为右北平太守，请求霸陵尉与他一同赴任，到了军中就把他杀了。李广上书陈述经过，并请求治他的罪。武帝回答他说："报愤除害，正是我任用你的目的。"王莽窃位，尤其防备大臣压抑、剥夺下面基层官吏的权力。大司空手下一士人夜过奉常亭，亭长呵斥他，士人告诉了他的官名，喝醉了酒的亭长大声问：“你有证件吗？”士人以马鞭击打亭长，亭长斩杀士人，逃走了。郡县追捉。亭长家上书，王莽说：“亭长是执行公务，不要捉他。”大司空王邑训斥了他手下其他人，并向亭长道歉。我看这两位亭尉长，都是喝醉了酒。霸陵尉只是呵斥阻止了李广，李广就杀了他，而武帝不问罪李广，奉常亭长杀士人，而王莽反以执行公务为由赦免他，这也太可笑了。

管晏之言

《孟子》所书："齐景公问于晏子曰：'吾欲观于转附、朝儛，遵海而南，放于琅邪，吾何修而可以比于先王观也？'晏子对曰：'天子诸侯，无非事者。春省耕而补不足，秋省敛而助不给。今也不然。师行而粮食。从流下而忘反谓之流。从流上而忘反谓之连。从兽无厌谓之荒。乐酒无厌谓之亡。先王无流连之乐、荒亡之行。'景公说，大戒于国。"

《管子·内言·戒》篇曰："威公将东游，问于管仲曰：'我游犹轴转斛，南至琅邪。司马曰，亦先王之游已。何谓也？'对曰：'先王之游也，春出原农事之不本者，谓之游。秋出补人之不足者，谓之夕。夫师行而粮食其民者，谓之亡。从乐而不反者，谓之荒。先王有游夕之业于民，

无荒亡之行于身。'威公退再拜,命曰宝法。"观管、晏二子之语,一何相似,岂非传记所载容有相犯乎?管氏既自为一书,必不误,当更考之《晏子春秋》也。

【译文】

《孟子》记载:"齐景公问晏子说:'我准备到转附、朝儛那两座山上去游玩,然后沿海岸南行,一直到琅琊山,我该怎么做,才能与过去的圣明君主外出巡游相似呢?'晏子回答说:'天子、诸侯出巡,没有不和政事、国事相联系的。春天巡游耕作,对贫困之家给予补助;秋天考察收获,对缺粮的贫户给予资助。今天可不是这样了,国王一出巡,四处收集粮食,从上游顺流而下玩乐,忘记了归返,叫流。从下游向上游游玩,忘记了归返,叫连。成天沉溺在外出打猎取乐之上叫做荒。毫无节制地饮酒叫做亡。先王没有流连之乐、荒亡之行。'景公听了很高兴,在全国做好接济穷人的准备。"

《管子·内言·戒》篇说:"齐桓公将往东游览,问管仲道:'我打算游览的路线是从轴山到斛山,再向南到琅琊山。司马说,这是先王之游。为什么这样说呢?'管仲回答说:'先王之游,春天出去考察没有能力进行耕种的人户,叫做游。秋天出去巡视,补助缺少粮食的人户,叫做夕。出游兴师动众,搜集粮食,叫做亡。沉溺在玩乐中而忘记了归返,叫做荒。先王对于百姓有游夕之业,对于自身却没有荒亡之行。'桓公退后拜谢,称管仲的意见为宝法。"考察管、晏二位先贤的话,何其如此相似,难道是传记所载的内容可以互相转移吗?管氏既然自为一书,必定不会误载,应当进一步考证《晏子春秋》一书了。

汉宣帝不用儒

汉宣帝不好儒，至云俗儒不达时宜，好是古非今，使人眩于名实，不知所守，何足委任。匡衡为平原文学，学者多上书荐衡经明，当世少双，不宜在远方。事下萧望之、梁丘贺。望之奏衡经学精习，说有师道，可观览。宣帝不甚用儒，遣衡归故官。司马温公谓俗儒诚不可与为治，独不可求真儒而用之乎？且是古非今之说，秦始皇、李斯所禁也，何为而效之邪？既不用儒生而专委中书宦官，弘恭、石显因以擅政事，卒为后世之祸，人主心术，可不戒哉！

【译文】

汉宣帝不喜欢儒生，甚至说俗儒不通达人情世理，喜欢颂扬古代，非议现代，使人在名与实的问题上感到迷乱，不知道他们究竟要坚持什么，何以值得委任呢？匡衡当时为平原郡的经学教授，学者们多上书推荐他通经明世，当世无双，不应该留在与京师相隔千里的平原小郡。宣帝要萧望之、梁丘贺酌情处理。萧望之报告匡衡精通经学，且很有师法，值得皇帝亲自接见考察一番。但宣帝不大喜欢任用儒生，让匡衡重新回平原当经学教授去了。司马光说俗儒确实不可以让他担任要职，治理天下，但为什么不可以寻求真儒并任用呢？况且是古非今的说法，是秦始皇、李斯所严厉禁止的，为什么要效仿秦始皇呢？既然不用儒生而专门委任宦官为中书令，弘恭、石显因此得以专擅朝政，终为后世之祸，作为国君，在思考治国之道时，能不以此为鉴吗？

介推寒食

《左传》晋文公反国，赏从亡者，介子推不言禄，禄亦弗及，推遂与母偕隐而死。晋侯求之不获，以绵上为之田，曰："以志吾过。"绵上者，西河介休县地也。其事始末只如此。《史记》则曰："子推从者书宫门，有'一蛇独怨'之语。文公见其书，使人召之，则亡。闻其入绵上山中，于是环山封之，名曰介山。"虽与《左传》稍异，而大略亦同。至刘向《新序》始云："子推怨于无爵齿，去而之介山之上，文公待之，不肯出。以谓焚其山宜出，遂不出而焚死。"是后杂传记，如《汝南先贤传》则云："太原旧俗，以介子推焚骸，一月寒食。"《邺中记》云："并州俗，冬至后一百五日，为子推断火冷食三日。魏武帝以太原、上党、西河、雁门皆沍寒之地，令人不得寒食，亦为冬至后百有五日也。"按《后汉·周举传》云："太原一郡，旧俗以介子推焚骸，有龙忌之禁。至其亡月，咸言神灵不乐举火，由是士民每冬中辄一月寒食，莫敢烟爨。举为并州刺史，乃作吊书置子推庙，言盛冬去火，残损民命，非贤者之意，宣示愚民，使还温食。于是

众惑稍解，风俗颇革。”然则所谓寒食，乃是冬中，非今节令二三月间也。

【译文】

《左传》记载晋文公返国，赏赐跟从他一起流亡的人，介子推没有开口要官禄，故禄位没有他的份。介子推遂与母亲一起隐居直至死去。文公寻求介子推而没有找到，便以绵上之地作为介子推的田产，文公说：“以此来表示我的过错。”绵上，即西河介休县之地。这件事的始末就是如此。《史记》则说：“介子推的随从写了一段文字，挂在宫门上，其中有‘一蛇独怨’的话。晋文公见书后，使人去召唤介子推，但他逃走了。听说他去了绵上山中隐居，于是把整个绵山封禁起来，名之曰介山。”虽然与《左传》稍有不同，而大体上是一致的。刘向的《新序》则开始说：“介子推怨恨没有封爵，于是逃到了介山上，文公请他出山，他不肯出来。有人提出将山焚烧他一定会出来，但他直到被烧死也不肯出来。”自此以后，各种杂记、传记，如《汝南先贤传》则说：“太原旧俗，因为介子推被焚烧了尸体，一月份吃寒食。”《邺中记》说：“并州风俗，冬至后一百零五天，为介子推断火冷食三天。魏武帝曹操以太原、上党、西河、雁门是寒冷之地，命令老百姓不要吃寒食。时间也是指冬至后一百零五日。”据《后汉书·周举传》记载：“太原一郡，旧俗以介子推焚尸，有禁火之俗。到他死的这个月，都说神灵不喜欢生火，从此士民每年冬至有一个月要吃寒食，不敢生火用灶。周举担任并州刺史，写了一篇吊文贴在介子推庙中，吊文说盛冬不生火，残害损坏老百姓的身体，这不是贤德之人的本意，宣告百姓，使他们在冬天恢复吃温食的习惯。于是，民众的迷乱稍有缓解，寒食的风俗略有革除。”然而所谓寒食节，是在严冬中，不像现在的寒食节在二、三月间。

公孙五楼

南燕慕容超嗣位之后，悉以国事付公孙五楼，燕业为衰。晋刘裕伐之，或曰："燕人若塞大岘之险，坚壁清野，大军深入，将不能自归。"裕曰："鲜卑贪婪，不知远计，谓我不能持久，不过进据临朐，退守广固，必不能守险清野。"超闻有晋师，引群臣会议，五楼曰："吴兵轻果，利在速战，不可争锋，宜据大岘，使不得入。各命守宰，依险自固，焚荡资储，芟除禾苗，使敌无所资。彼侨军无食，可以坐制。若纵使入岘，出城逆战，此下策也。"超不听，裕过大岘，燕兵不出，喜形于色，遂一举灭燕。观五楼之计，正裕之所惮也。超平生信用五楼，独于此不然，盖天意也。五楼亦可谓智士，足与李左车比肩。后世奸妄擅国，以误大事者多矣，无所谓五楼之智也。

【译文】

南燕慕容超继位之后，将国事全部交给公孙五楼，而这时燕国大业已日益衰落。东晋刘裕伐南燕，有人说："燕人假若阻塞住大岘山天险，坚壁清野，大军深入，将无法归来。"刘裕说："鲜卑人贪婪，不懂长远之计，认为我军不能持久，他们不过前进占领临朐，后退镇守广固而已，必定不会守大岘山之险和坚壁清野。”慕容超听说晋兵将要来，召集群臣开会讨论，公孙五楼说：“南方的士兵轻便，他们的优势在于速战，不可与之争锋，应当固守大岘，使他们不能进入。各命守宰，依险自守，将放弃之地的资储烧掉，把禾苗割掉，使敌人无所依赖。这样晋军无食，我们就可以坐守而制服他们。假若放纵他们进入大岘山，出城迎战，这是下策。”慕容超不听，刘裕得以顺利过大岘山，燕兵还是闭守不出，刘裕喜形于色，遂一举灭掉了南燕。观五楼之计，正是刘裕所惧怕的。慕容超平生信用五楼，只对此计不听，这大概也是天意吧！五楼可以说是智慧之士，足以与李左车相比。后世奸妄擅国，贻误国家大计的多得很，也缺少五楼那样的智慧。

白公夜闻歌者

白乐天《琵琶行》,盖在浔阳江上为商人妇所作。而商乃买茶于浮梁,妇对客奏曲,乐天移船,夜登其舟与饮,了无所忌,岂非以其长安故倡女,不以为嫌邪?集中又有一篇题云《夜闻歌》者,时自京城谪浔阳,宿于鄂州,又在《琵琶》之前。其词曰:“夜泊鹦鹉洲,秋江月澄澈。邻船有歌者,发调堪愁绝!歌罢继以泣,泣声通复咽。寻声见其人,有妇颜如雪。独倚帆樯立,娉婷十七八。夜泪似真珠,双双堕明月。借问谁家妇,歌泣何凄切?一问一沾襟,低眉终不说。”陈鸿《长恨传序》云:“乐天深于诗,多于情者也,故所遇必寄之吟咏,非有意于渔色。”然鄂州所见,亦一女子独处,夫不在焉,瓜田李下之疑,唐人不讥也。今诗人罕谈此章,聊复表出。

【译文】

白乐天《琵琶行》,大概是在浔阳江上为商人之妇所作。商人去浮梁买茶叶,妇人对客人弹奏歌曲,白乐天移动小船,夜晚登舟与妇人共饮毫无忌讳,难道该妇人过去是长安的娼妓,白乐天不以为嫌吗?白集中又有一篇题为《夜闻歌》的诗，当时白乐天自京城贬谪浔阳，宿于鄂州，又是在《琵琶行》之前所作。其词为："夜泊鹦鹉洲，秋江月澄澈。邻船有歌者，发调堪愁绝！歌罢继以泣，泣声通复咽。寻声见其人，有妇颜如雪。独倚帆樯立，娉婷十七八。夜泪似真珠，双双堕明月。借问谁家妇，歌泣何凄切？一问一沾襟，低眉终不说。"陈鸿《长恨传序》说："乐天精于诗，多见于有情而发，因此所遇到的一些事必定予以吟咏，并非有意于猎色。"然而鄂州所见，为一女子独处，丈夫不在，未免使人有瓜田弯腰提鞋、李下举手整帽的嫌疑，而唐人并不讥笑他。如今诗人很少谈论此诗，姑且将其表述出来。

河伯娶妇

《史记》褚先生所书魏文侯时西门豹为邺令，问民所疾苦。长老曰："吾为河伯娶妇，以故贫。"豹问其故，对曰："邺三老、廷掾常岁赋敛百姓钱，得数百万，用其二三十万为河伯娶妇，与祝巫分其馀钱持归。巫行视小家女好者，即聘娶，为治斋宫河上，粉饰女，浮之河中而没。其人家有好女者，多持女远逃亡，以故城中益空无人。"豹曰："至娶妇时，吾亦往送。"遂投大巫妪及三弟子并三老于河，乃罢去。从是以后，不敢复言为河伯娶妇。予按此事，盖出于一时杂传记，疑未必有实。而《六国表》秦灵公八年，"初以君主妻河"。言初者，自此年而始，不知止于何时，注家无说。司马贞《史记索隐》乃云，初以君主妻河"谓初以此年取他女为君主，君主犹公主也。妻河，谓嫁之河伯，故魏俗犹为河伯娶妇，盖其遗风"。然则此事秦、魏皆有之矣。

【译文】

《史记》褚少孙在所补写的文章中记载，魏文侯时西门豹任邺县县令，询问民众的疾苦。年长的人回答说：“我们每年要为河伯娶妇，因此贫穷。”西门豹问其原因，回答说：“邺县的三老、廷掾常年搜刮百姓的钱财，得总数几百万，用其中的二三十万为河伯娶妇，余下的钱财都与祝巫私分，装进自己腰包。祝巫在巡视中发现穷人家有美貌的女儿，就要聘娶。他们在漳河边上修造斋宫，把少女打扮一番，扔到河里，先是漂浮，然后就沉入水底。老百姓家有美貌姑娘的，大多带着女儿逃走了，所以城中的人越来越少。”西门豹听后说：“到为河伯娶妇时，我也来送行。”到了那天，西门豹命令把大巫妪及三个弟子和三老都扔到河里，就离开了。从此以后，再也没有人敢提为河伯娶妇了。我考证此事，大概出于一时的杂传故事，怀疑未必真有其事。而《六国表》中记载秦灵公八年事说，“初以君主妻河”。这里所说的“初”，是指从秦灵公八年开始，而不知何时停止，注释家们也没有说明。司马贞《史记索隐》则说，“初以君主妻河”是说，“从这一年开始娶别人的女儿为君主，君主也就是公主。妻河，是说嫁给河伯，所以魏国还保留为河伯娶妇的风俗，大概是古老的遗风”。由此看来，在秦国、魏国都有这样的事。

祢衡轻曹操

孔融荐祢衡，以为“淑质贞亮，英才卓跞，志怀霜雪，疾恶若仇，任座、史鱼，殆无以过，若衡等辈，不可多得”。数称述于曹操。操欲见之，衡素相轻疾，不肯往，而数有恣言，操怀忿，因召之击鼓，裸身辱之。融为见操，说其狂疾，求得自谢。操喜，敕门者有客便通，待之极宴，衡乃坐于营门，言语悖逆，操怒，送与刘表。衡为融所荐，东坡谓融视操，特鬼蜮之雄，其势决不两立，非融诛操，则操害融。而衡平生唯善融及杨修，常称曰：“大儿孔文举，小儿杨德祖。”融、修皆死于操手，衡无由得全。汉史言其尚气刚傲，矫时慢物，此盖不知其鄙贱曹操，故陷身危机，所谓语言狂悖者，必诵斥其有僭篡之志耳。刘表复不能容，以与黄祖。观其所著《鹦鹉赋》，专以自况，一篇之中，三致意焉。如云：“嬉游高峻，栖峙幽深。飞不妄集，翔必择林。虽周旋于羽毛，固殊智而异心。配鸾皇而等美，焉比翼于众禽？”又云：“彼贤哲之逢患，犹栖迟以羁旅。矧禽鸟之微物，能驯扰以安处。”又云：“嗟禄命之衰薄，奚遭时以崄巇。岂言语以阶乱，将不密以致危。”又云：“顾六翮之残毁，虽奋迅其焉如。心怀归而弗果，徒怨毒于一隅。”卒章云：“苟竭心于所事，敢背惠以忘初。期守死以报德，甘尽辞以效愚。”予每三复其文，而悲伤之。李太白诗云：“魏帝营八极，蚁观一祢衡。黄祖斗筲人，杀之受恶名。吴江赋鹦鹉，落笔超群英。锵锵振金石，句句欲飞鸣。挚鹗啄孤凤，千春伤我情！”此论最为精当也。

【译文】

孔融推荐祢衡，说他“品质高尚，英才卓荦，志怀纯洁，疾恶如仇，比古代任座、史鱼还有过之无不及，像祢衡这样的人，不可多得”。多次在曹操面前称述祢衡，曹操想见见他，而祢衡一贯看不起曹操，不肯去，并且多次说了不恭敬的话。曹操怀恨于他，因此派人将他找来，要他当众击鼓，而祢衡在曹操面前赤身裸体，以侮辱曹操。孔融为此拜见曹操，说祢衡有癫狂病，现在愿意上门道歉。曹操很高兴，嘱咐守门的人说，有客人来就通报，用上等宴席招待。而祢衡坐在军营门口，言语悖逆，操大怒，将他送给了刘表。因为祢衡是孔融推荐的，苏东坡认为在孔融看来，曹操只是个鬼蜮之雄，彼此势不两立，不是孔融杀曹操，就是曹操杀孔融。而祢衡平生只与孔融及杨修友善，常称说：“大儿孔文举，小儿杨德祖。”融、修都死于曹操之手，祢衡没有理由独独保全自己。《后汉书》说他志气高傲，矫时慢物，此大概不知其因鄙贱曹操，所以陷身于危机之中，所谓祢衡语言狂悖，他必然是讽谏、斥责了曹操有僭篡之心吧！刘表也不能容忍祢衡，又把他送给了武夫黄祖。读他写的《鹦鹉赋》，专以自比，一篇之中，三番五次表达自己的意志。

如说："嬉游于高山峻岭，栖息于幽林深山。飞行时不妄自与他鸟聚集，翱翔必择树林。虽然同处于鸟类之中，但志不同而心有异。要与鸾凤相配等美，岂能与众禽比翼？"又说："过去的贤哲遭受祸患，还是栖身以休养生息。况且禽鸟之微物，能够逐渐驯导它安然相处。"又说："我没有福禄的命，可能时时遭受危险和祸患。难道说是言语造成的祸乱，出言不密而招致危殆？"又说："看到翅膀已经残毁，虽然想奋飞怎么能够？内心要回去而不能实现，徒然在一边怨恨不已。"最后一章说："希望竭心尽力于自己所为之事，但又怎敢违背恩惠而忘记当初呢？期望守死以报答恩德，甘愿把话说尽以效愚忠。"我每次都要反复吟咏这些文字，愈读愈悲伤。李白诗说："魏帝营八极，蚁观一祢衡。黄祖斗筲人，杀之受恶名。吴江赋鹦鹉，落笔超群英。锵锵振金石，句句欲飞鸣。挚鹗啄孤凤，千春伤我情！"李白对祢衡的论述最为精当。

老子之言

老子之言，大抵以无为、无名为本，至于绝圣弃智。然所云："将欲歙之，必固张之；将欲弱之，必固强之；将欲废之，必固兴之；将欲夺之，必固与之。"乃似于用机械而有心者。微言渊奥，固莫探其旨也。

【译文】

老子之言，大抵是以无为、无名为本，以至于绝圣弃智。然而他所说："将欲收缩它，必先扩张它；将欲削弱它，必先加强它；将欲废弃它，必先振兴它；将欲夺取它，必先给予它。"却像是用机巧之心机。微言深奥，根本不能探测其真意。

片言解祸

自古将相大臣，遭罹谮毁，触君之怒，堕身于危棘将死之域，而以一人片言，转祸为福，盖投机中的，使闻之者晓然易寤，然非遭值明主，不能也。萧何为民请上林苑中空地，高祖大怒，以为多受贾人财物，下何廷尉，械系之。王卫尉曰："陛下距楚数岁，陈豨、黥布反，时相国守关中，不以此时为利，乃利贾人之金乎？"上不怿，即日赦出何。绛侯周勃免相就国，人上书告勃欲反，廷尉逮捕勃治之。薄太后谓文帝曰："绛侯绾皇帝玺，将兵于北军，不以此时反，今居一小县，顾欲反邪？"帝即赦勃。此二者，可谓至危不容救，而于立谈间见效如此。萧望之受遗辅政，为许、史、恭、显所嫉，奏望之与周堪、刘更生朋党，请"召致廷尉"，元帝不省为下狱也，可其奏。已而悟其非，令出视事。史高言："上新即位，未以德化闻于天下，而先验师傅，即下九卿大夫狱，宜因决免。"于是免为庶人。高祖、文帝之明而受言，元帝之昏而遂非，于是可见。

【译文】

自古将相大臣，遭遇灾难或诬陷，触怒了君主，陷于危机丛生将死之境地，而因某个人的片言只语，转祸为福，大概这些话投君主的机，一语中的，使听的人恍然大悟。但不是碰到明了事体的君主，恐怕也难以做到。萧何为百姓请求上林苑中的空地，汉高祖大怒，认为萧何接受了很多财物，将萧何送交廷尉，上了脚镣手铐。王卫尉说："陛下与项羽对抗数年，后陈豨、黥布反叛，当时萧何驻守关中，不在那个时候谋取个人之利，而现在哪会接受商人的钱呢？"高祖不大高兴，但还是即日赦免萧何。绛侯周勃免相回到自己的封地，有人上书告发周勃欲造反，廷尉将周勃逮捕欲治其罪。薄太后对文帝说："绛侯掌管皇帝的玉玺，统率北军，不在那时造反，如今居住在一个小县，难道还会造反吗？"文帝立即赦免了周勃。此二事，可以说是至危而不可挽救，而于谈话之间就立即见效了。汉元帝时，萧望之受遗诏辅政，为许嘉、史高、弘恭、石显等嫉妒，上奏称萧望之与周堪、刘更生结成朋党，请准许将他"召致廷尉"，元帝不知道这是逮捕下监狱的意思，就同意了他们的奏请。不久感觉这样做不对，下令让萧望之出来理政。史高说："皇上刚刚即位，未曾以德化闻于天下，而先在师傅萧望之身上取得应验，既然已经下九卿于监狱，宜因此决断免除他的官职。"于是免萧望之为庶民百姓。高祖、文帝因圣明而采纳谏言，汉元帝昏庸而不辨是非，从这里就表现得很明显。

杯水救车薪

孟子曰:“仁之胜不仁也,如水胜火,今之为仁者,犹以一杯水救一车薪之火也,不熄,则谓之水不胜火。”予读《文子》,其书有云:“水之势胜火,一勺不能救一车之薪;金之势胜木,一刃不能残一林;土之势胜水,一块不能塞一河。”文子,周平王时人,孟氏之言盖本于此。

【译文】

孟子说:“仁能战胜不仁,有如水能战胜火,如今为仁的人,犹以一杯水救一车柴禾燃烧之火,火不能熄,就说水不能战胜火。”我读《文子》,书中说:“水能战胜火,但一勺水不能救一车柴禾燃烧之火;金能战胜木,但一把刀不能砍伐一片森林;土能挡住水,但一抔土不能塞住一条河。”文子是周平王时代的人,孟子的话大概源于此。

杨涉父子

唐杨涉为人和厚恭谨。哀帝时，自吏部侍郎拜相。时朱全忠擅国，涉闻当为相，与家人相泣，谓其子凝式曰：“此吾家之不幸也，必为汝累。”后二年全忠篡逆，涉为押传国宝使，凝式曰：“大人为唐宰相，而国家至此，不可谓之无过，况手持天子玺绶与人，虽保富贵，奈千载何，盍辞之？”涉大骇，曰：“汝灭吾族！”神色为之不宁者数日。此一杨涉也，方其且相，则对其子有不幸之语，及持国宝与逆贼，则骇其子劝止之请，一何前后之不相侔也？鄙夫患失，又惩白马之祸，丧其良心，甘入“六臣”之列，其可羞也甚矣！凝式病其父失节，托于心疾，历五代十二君，佯狂不仕，亦贤乎哉！

【译文】

唐代杨涉为人谦和厚道恭谨。唐哀帝时，杨涉从吏部侍郎任宰相。当时朱温专擅国政，杨涉听说让自己做宰相，与家人相泣，对儿子凝式说：“这是我家的不幸，也必然会连累于你。”两年后，朱温篡夺了唐朝的权力，杨涉又任押传国宝使，凝式说：“父亲大人为唐朝宰相，而唐朝国家到了这种地步，父亲大人不能说没有过错，何况亲手拿着天子玉玺送给他人，虽然保住富贵，千年以后人们会怎么评论呢？何不推辞？”杨涉听了惊恐地说：“你是要使我们整个家族灭亡啊！”因此神色不安、心慌意乱了好几天。这个杨涉，刚要担任宰相时，则对其子说那些“此吾家之不幸”之类的话，等到把国玺交给逆贼，则惊骇其子劝止他的请求，为何前后如此大的差别呢？鄙夫患失，又担心白马之祸，丧失良心，甘心入“六臣”之列，这也太不知羞耻了！杨凝式痛心父亲的失节，假托有心病，历五代十二君，假装癫狂不去做官，很贤明啊！

云梦泽

云梦，楚泽薮也，列于《周礼·职方氏》。郑氏曰："在华容。"《汉志》有云梦官。然其实云也、梦也，各为一处。《禹贡》所书："云土梦作乂。"注云："在江南。"惟《左传》得其详，如郧夫人弃子文于梦中。注云："梦，泽名，在江夏安陆县城东南。"楚子田江南之梦。注云："楚之云、梦，跨江南北。"楚子济江入于云中。注："入云泽中，所谓江南之梦。"然则，云在江之北，梦在其南也。《上林赋》："楚有七泽，尝见其一，名曰云梦，特其小小者耳，方九百里。"此乃司马长卿夸言。今为县，隶德安，询诸彼人，已不能的指疆域。《职方氏》以"梦"为"瞢"，《前汉·叙传》：子文投于梦中，音皆同。

【译文】

云梦，是楚国的沼泽之地，《周礼·职方氏》中有关于它的记载。郑氏说："在华容境内。"《汉书·地理志》记载云梦地区曾设有官职。然而云、梦其实各为一处。《禹贡》记载："云土梦作乂。"注释说："在长江以南。"只有《左传》记载详细，如郧夫人弃子文于梦地，注释说："梦，沼泽名，位于江夏安陆县城东南。"又记载说楚子曾猎于江南梦地。注释说："楚国的云、梦地区，跨长江南北。"还说楚子渡江入云地。注释说："进入云地的沼泽中，才是所说的江南梦地。"然而，云地在长江以北，梦地在长江以南。《上林赋》里说："楚国有七处沼泽之地，曾经见到过一处，称为云梦，不过是小小的一处而已，方圆九百里。"这是司马相如的夸张之言。现在的云梦为县，隶属于德安。询问当地人，他们已不能确切地指出当时云梦的范围。《职方氏》中将"梦"写成"瞢"，《汉书·叙传》中有子文投于梦地，两字读音相同。

鬼谷子书

鬼谷子与苏秦、张仪书曰："二足下功名赫赫，但春华至秋，不得久茂。今二子好朝露之荣，忽长久之功；轻乔、松之永延，贵一旦之浮爵。夫女爱不极席，男欢不毕轮，痛哉夫君！"《战国策》楚江乙谓安陵君曰："以财交者，财尽而交绝；以色交者，华落而爱渝。是以嬖女不敝席，宠臣不敝轩。"吕不韦说华阳夫人曰："以色事人者，色衰而爱弛。"《诗·氓》之序曰："华落色衰，复相弃背。"是诸说大抵意同，皆以色而为喻。士之嗜进而不知自反者，尚监兹哉！

【译文】

鬼谷子在给苏秦、张仪的信中说："你们两位有了赫赫功名，但是春花到了秋天，不能久盛不衰。今天你们二人贪恋朝露般短暂的荣华，忽略了建立长久功业的打算。漠视乔木、苍松的长青不老，看重一时的虚位高爵。是否知道，即使受宠的女子也不能列坐于宴席，得宠的男侍也不能同乘于一车。我真为你们感到哀伤。”《战国策》中楚国的江乙对安陵君说：“依靠钱财相交，钱财尽而交情断绝；依靠美色相交，华年没落而爱意改变。所以受宠的女子不破坏席宴的规定，得宠的臣僚不破坏车乘的规定。”吕不韦也劝慰华阳夫人说：“依靠美色去侍奉别人者，当姿容不再俏丽，别人对你的爱意就会废减。”《诗·氓》的序言中又说：“女子华年没落，姿色不再俏丽，就会遭到遗弃。”以上各种说法的意思大抵相同，都是以美色作比喻告诫人们。士大夫若是只喜欢追求晋升高位而不知道自我退避，应当以此为鉴啊！

城狐社鼠

“城狐不灌，社鼠不薰。”谓其所栖穴者得所凭依，此古语也，故议论者率指人君左右近习为城狐社鼠。予读《说苑》所载孟尝君之客曰：“狐者人之所攻也，鼠者人之所薰也。臣未尝见稷狐见攻，社鼠见薰，何则？所托者然也。”稷狐之字，甚奇且新。

【译文】

“城狐不灌，社鼠不薰。”这就是说狐、鼠所栖身的洞穴有所依靠凭借，这是古人的话，所以议论者大都指君王左右的亲信为城狐、社鼠。我读《说苑》时，看到当中记载孟尝君的门客说：“狐是人们所追打的东西，鼠是人们用烟火熏捕的东西。我不曾看到过稷狐被围攻，社鼠被熏捕，这是为什么呢？就在于它们各自有所倚恃。”“稷狐”的“稷”字用得十分奇特、新颖。

颜鲁公帖

颜鲁公忠义气节，史策略尽。偶阅临汝石刻，见一帖云：“政可守不可不守，吾去岁中言事得罪，又不能逆道苟时，为千古罪人也，虽贬居远方，终身不耻。汝曹当须谓吾之志不可不守也。”此是独赴谪地，而与其子孙者，无由考其岁月。千载之下，使人读之，尚可畏而仰也。

【译文】

颜鲁公忠义而有气节，史册对其已有详细记载。我偶尔览阅临汝石刻，看到了他的一段话：“政策法令应当遵守的，就不可以不遵守，我去年因议论政事而获罪，但又不能违背道义苟且时日，而成为千古罪人。虽然被贬居遥远的边地，终生也不会感到有什么羞耻，你们应当知道我的为人原则是不可不坚持的。”这是他独自一人到被贬的地方后，与他子孙之间的书信往来情况，已无法查证其具体时间。时隔千年后，当人们读到这段话时，还感到此人可畏可敬。

徙木偾表

商鞅变秦法，恐民不信，乃募民徙三丈之木而予五十金。有一人徙之，辄予金，乃下令。

吴起治西河，欲谕其信于民，夜置表于南门之外，令于邑中曰："有人能偾表者，仕之长大夫。"民相谓曰："此必不信。"有一人曰："试往偾表，不得赏而已，何伤？"往偾表，来谒吴起，起仕之长大夫。自是之后，民信起之赏罚。

予谓鞅本魏人，其徙木示信，盖以效起，而起之事不传。

【译文】

战国时，商鞅在秦国推行变法，他担心老百姓不相信国家颁布的改革法令，于是命令竖一根三丈的木杆子于城门前，告示民众，谁能搬走木杆即可得赏金五十。这天，突然有一人将木杆搬走，商鞅即刻命令赏给那人五十金，接着下令在秦国全面推行变法。

吴起在魏国做西河长官时，为了使政府的命令取信于民，晚上派人立一根表杆于城门外，并在城中公开宣布："谁能推倒表杆，就可当长大夫等级的官。"人们议论纷纷，认为"这是绝对不可相信的事情"。有一个人说："不管是真是假，不妨去试一试，如果将那根表杆推倒，最多只是得不到赏，这也没有什么妨碍。"说完，就来到城门外将表杆推倒了，之后，他去求见吴起，吴起当即任命他为长大夫。从此以后，人们相信吴起所实行的赏罚及改革法令。

我认为商鞅原本是魏国人，他在秦国变法采取徙木之举以取信于民，是仿效吴起的做法，而吴起立木取信的创举却鲜为人知。

得意失意诗

旧传有诗四句夸世人得意者云：“久旱逢甘雨，他乡见故知。洞房花烛夜，金榜挂名时。”好事者续以失意四句曰：“寡妇携儿泣，将军被敌擒。失恩宫女面，下第举人心。”此二诗，可喜可悲之状极矣。

【译文】

过去流传着一首四句的诗，以夸赞世人的得意。诗文是这样的：“久旱逢甘雨，他乡遇故知。洞房花烛夜，金榜挂名时。”有多事的人仿照这首诗续得四句，以描写世人的失意，诗文说：“寡妇携儿泣，将军被敌擒。失恩宫女面，下第举人心。”这两首诗，把人们的得意和悲伤的状况描写得极妙。

白分　黑分

月盈至满，谓之白分；月亏至晦，谓之黑分。白前黑后合为一月。又曰，日随月后行，至十五日覆月都尽，是名黑半；日在月前行，至十五日具足圆满，是名白半。

【译文】

月亮从圆到最圆，称为白分；月亮从欠缺到最昏暗，称为黑分。白分前黑分后合为一个月。又有一说，太阳跟在月亮后边运行，过了十五天之后，把月亮都覆盖起来了，称为黑半；太阳在月亮前边运行，过十五天后月亮非常圆满，称为白半。

月双　闰双

十五夜为半月，两半月为一月，三月为一时，两时为一行，两行为一年，二年半为一双。此由闰，故以闰月兼本月，此谓月双，非闰双也，以五年再闰为闰双。

【译文】

每月十五日的夜间是半月，两个半月为一月，三个月称为一时(季)，两时(季)称为一行，两行称为一年，两年称为一双。这是因为时间有余数，因此以闰月兼本月，这叫月双，不叫闰双。这五年之后，再次发生闰月，成为闰双。

狐假虎威

谚有“狐假虎威”之语，稚子来扣其义，因示以《战国策》、《新序》所载。《战国策》云：“楚宣王问群臣曰：‘吾闻北方之畏昭奚恤也，果诚何如？’群臣莫对。江乙对曰：‘虎求百兽而食之，得狐，狐曰：子无敢食我矣，天帝使我长百兽，今子食我，是逆天帝命也。子以我为不信，吾为子先行，子随我后，观百兽之见我而敢不走乎？虎以为然，故遂与之行。兽见之皆走，虎不知兽畏己而走也，以为畏狐也。今王之地方五千里，带甲百万，而专属之昭奚恤，故北方之畏奚恤也，其实畏王之甲兵也，犹百兽之畏虎也。’”《新序》并同。而其后云：“故人臣而见畏者，是见君之威也，君不用，则威亡矣。”俗谚盖本诸此。

【译文】

有个成语叫“狐假虎威”，我的幼子向我请教其意义，我就把《战国策》、《新序》两书中的有关记载给他看。《战国策》中记载：“楚宣王曾问群臣：‘我听说北方各国很害怕昭奚恤将军，果真如此吗？’群臣中一时无人应对。江乙回答说：‘老虎天天捉各种动物以充饥，一天，他捉住一只狐狸，狐狸就对老虎说：你不敢吃我，上帝让我做百兽之王，今天你要吃我，这是违逆上帝的命令。你如果不相信，我可以在前面走，你紧随我后，看看百兽之中有谁见了我敢不逃跑？虎信以为真，所以就跟随它一起走，百兽见到它们都慌忙逃窜，老虎不知道百兽是害怕自己而逃跑，还认为它们是害怕狐狸。现在大王您的属地方圆五千里，有百万强大的军队，而把军队委托给昭奚恤指挥，所以北方各国畏惧昭奚恤，其实他们害怕的是大王强大的军队，就像是百兽害怕老虎一样。'"《新序》中所记载的与此相同。而且在前文之后接着写道："所以说人们害怕那些大臣，主要是害怕君主的权力，君主若不将权力赋予大臣，大臣的权威也就不复存在了。"这句成语大概就源出于此。